香港城市大學中文及歷史學系
創系十週年叢書
07

告別

饒宗頤在新加坡
（1968 — 1973）

楊斌 著

中華書局

香港城市大學中文及歷史學系
創系十週年叢書總序

客人來訪，都說香港城市大學方便，以其連接交通樞紐，毗鄰購物商場。商場被學生戲稱為「白區」，從白區穿越時光隧道，通過紅門，進入紫綠藍黃紅區，便是大學。的確，校園商場，幾近無縫接軌，大學在城市之中，城市也在大學之內。在大學的某個角落，有一個「中文及歷史學系」，師生們也在埋首研究和書寫城市。中文及歷史學系由創系系主任李孝悌教授建立之初，即以中國口岸城市研究為主要發展方向。光陰荏苒，轉眼十年，是時候交些功課，本輯「創系十週年叢書」，即立意於此。

我們去年年末邀請一些同仁為叢書撰著，今秋陸續收成，發現大家竟不謀而合地皆論及或立足於城市，且古今相投，前後呼應。古代方面，有兩千多年前的楚都紀南城（沈德璋），千多年前的長安與上黨（呂家慧）、寧波和日本福岡與奈良（李怡文）。近代方面，有兩本不約而同地以十九至二十世紀的香港為主題（程美寶、陳學然），但一旦講到香港，便不得不論及鄰近城市。有兩本分別追溯蕭紅在哈爾濱和上海（劉東）、饒宗頤在新加坡（楊斌）的人生軌跡，但這兩位主角最終都魂歸香港。二十、二十一世紀之交，人類學家（曹南來）遠赴巴黎、羅馬，尋覓的卻是溫州的身影。即便是文學創作，兩位作家（馬家輝、陳志堅）既生於斯長於斯，自然亦從香港出發，或在九龍碰上李小龍，或到上海尋覓魯迅。

倘若讀者覺得老師們的文筆太老氣橫秋，不妨來點「小清新」，讀讀城大本科生的文學創作——特別感謝潘步釗博士和陳志堅博士兩位中學校長為本系開設文學課程，給學生悉心指導，並多年擔任本系主辦的「城市文學獎」顧問和評判。二人合編《城市微縮》，收入本系和城大其他學系本科和碩士生的散文作品，他們對同學的讚許和鼓勵，想必比本校老師更為中肯。同時要感謝的，是本系同事范家偉，他編輯《鑽燧薪傳》，收入多年來碩博士在讀和畢業生的學術論文，邀請校外人士評審，敦促同學改進，一如既往地為學系的研究生教育嚴格把關。

同事們平日在辦公室大部分時間都埋首書齋，即便在走廊碰面，也只是匆匆點頭問好，隨即返回自己的天地，所謂君子之交是也。師生在課室相見，花開花落，又是一個畢業季，又是一個開學日，都未必記得彼此的名字。同事師生間的相識與相遇，儼如城市行人擦身而過，份屬隨緣。猶幸的是，「叢書」將接近五十位作者和編者通過文字和出版聯繫在一起，有史學有文學，由考古學到人類學，自戰國時代至二十一世紀，給讀者呈獻一趟歷經古今中外數十個城市的超時空之旅。各部作品體例不同，寫作風格有異，但都不會因為篇幅短小便顯得內容膚淺，而是盡量做到言之有物。讀者若能從叢書序號 1 讀起，一本一本讀到第 12 號，浸沉在昔日都城的繁華盛世，看到它們煙飛灰滅或今不如昔，則對自身有生之年所目睹的城市興衰，不會感到不解或感傷。最後讀到年輕人的寫作，聆聽他們對城市的觀察與隨想，理解他們在微縮的時空裏，如何把文字化作一道掌風，對抗遺忘，最終夢遊至那「不存在的城」，也許便是希望所在，亦算是我們出版本叢書的一個不經意的成果。

程美寶、陳學然 謹識

2024 年秋冬之際，深水埗與九龍塘之間

目錄

第三章
往來無白丁

第四章
告別

第一章

我在新加坡時心情不大好

語焉不詳的五年

1968 年秋，饒宗頤離開他賴以成名的香港大學和香港，下南洋到星洲執掌新加坡大學中文系。他本來想以新加坡為舞台，在國際學術界開壇講經授徒，遺憾的是，不到五年饒宗頤便於 1973 年秋辭職離開新加坡大學，告別南洋返回香港。饒宗頤在南洋的五年，時間雖短，卻是他盛年時期一段非常重要的經歷，也是他研究、創作、國際交流的爆發期之一。可惜的是，對於這五年，筆者所見所有的相關記載，均語焉不詳，失之簡略，甚至連基本的時間、人物和活動等都謬誤迭出。

關於饒宗頤新加坡大學執教之事蹟，最可靠的記錄當然應該是新加坡大學的官方檔案了。可惜，新加坡大學（現為新加坡國立大學）並沒有任何檔案文獻，就連其任職的中文系也不大清楚饒宗頤任職的前因後果。這樣看來，除了故老相傳以及饒宗頤期間發表的論文署名外，居然毫無一份原始的材料可以直接證明饒宗頤曾經在新加坡大學執教，實在有趣！

1976 年 8 月，在饒宗頤本人距其離開南洋約三年之後，他在回憶說：「一九六六年夏，余在法京，忽接已故星洲大學校長林大波先生函，以該校中文系首任講座教授見邀，心許之而未敢遽應也，遲延至一九六八年八月杪始蒞星洲。」[1] 他的這個回憶，應當是後來所有相關著錄的藍本，可惜實在太過簡略，而且也有謬誤。

按，當時聘用饒宗頤的是新加坡大學（The University of Singapore），1980 年新加坡大學和南洋大學（Nanyang University）合併成為新加坡國立大學（The National University of Singapore），簡稱國大或者新國大，沿用至今。不過，饒宗頤回憶中提到新加坡大學校長林大波純屬誤會。1965 年至 1967 年擔任

---

1 饒宗頤：〈新加坡古事記跋〉，饒宗頤編：《新加坡古事記》（香港：香港中文大學出版社，1994 年），頁 345。

新加坡大學的校長（Vice Chancellor）的是林溪茂，其英文名字為 Lim Tay Boh（1913－1967），根據發音被誤譯為林大波。饒宗頤雖然是林溪茂聘請的，可是兩人之間並沒有見過面；聘請前後的通信以及聘書，按照新加坡的習慣都是以英文進行，而林溪茂的署名為 Lim Tay Boh。因此，饒宗頤 1976 年回憶是根據此英文名而記錄為林大波，此後大家都沒有查證，以致訛傳。林溪茂於 1954 年獲倫敦大學經濟學博士學位，1949 年起即在新加坡大學前身——馬來亞大學任教，1958－1962 年任人文學院院長，1962 年後擢拔為副校長、代理校長乃至校長，可惜於 1967 年英年早逝。

1965 年始，饒宗頤在法國國立科學中心訪問，研究巴黎及倫敦所藏敦煌文獻。饒宗頤被聘請前，他和林溪茂兩人當有函電往來，可惜文獻無徵。林溪茂長年服務於新加坡大學，1962 年起又擔任校領導，1965 年擔任校長，年齡不過五十出頭，正值學術和行政的盛年時期。筆者以常理推測，新加坡政府對其有相當期許，林溪茂本人應該對大學的發展有着自己的設想和規劃。而大學的發展，關鍵一條在於人才的延攬和培養，饒宗頤被聘為新加坡大學中文系講座教授和系主任，應該是林溪茂任內的一大手筆。可惜天有不測風雲，林溪茂於 1967 年在倫敦度假時病逝。

1968 年饒宗頤抵達新加坡之後，擔任新加坡大學校長一職的是杜進才（Toh Chin Chye，1921－2012）。杜於 1953 年獲倫敦皇家醫院生理學博士，是新加坡人民行動黨的創黨元老。他在 1954 年與李光耀和吳慶瑞創建了人民行動黨，並擔任該黨的首任主席；他也是新加坡共和國的建國元勳，1959 年至 1968 年間任副總理，1968－1975 年任科技部長兼新加坡大學校長。他和饒宗頤此前並無接觸，也沒有辦法考證兩人此後的互動。

唯一具有國際水平的學者

那麼，新加坡大學為什麼聘請饒宗頤呢？饒宗頤又為什麼決定離開培育他多年的香港大學南下新加坡呢？

實際上，原來在新加坡大學執掌中文系的是賀光中，他是中華民國開國元勳賀之才（1887－1958）的公子，為中法混血兒，法文極好。賀光中辭職後，新加坡大學便決定招聘新人。那麼，具體是怎麼招聘的呢？其過程亦不可考。德國漢學家傅吾康（Wolfgang Franke，1912－2007）的回憶或可一窺端倪。1968 年傅吾康在吉隆坡馬來亞大學中文系任客座教授。是年 9 月底，傅吾康途經新加坡，「拜訪了還不太熟悉的饒宗頤，他現在是新加坡大學中文系教授兼系主任。賀光中離職後，新大要重新招聘新主任，曾邀請我去做評審。申請人當中沒有誰的學術資格比得上饒宗頤，他是大學自中文系成立以來聘請的唯一具有國際水平的學者，雖然為期很短。饒宗頤的學術貢獻尤其得到了當時法國漢學元老戴密微的讚賞。」[2] 以傅吾康的回憶分析，新加坡大學為中文系這個職位曾經公開招聘，傅吾康是評審委員會委員之一，饒宗頤遞交了申請；在相關的申請人當中，饒宗頤學術成就最為突出，因而脫穎而出，被選定聘用。

南下前的饒宗頤對新加坡大學也並非一無所知。

2　傅吾康著，歐陽甦譯，李雪濤、蘇偉妮校，傅復生審定：《為中國著迷——一位漢學家的自傳》（北京：社會科學文獻出版社，2012 年），頁 349。

饒宗頤的朋友趙尊嶽和學生龔道運（1937－2007）曾在或仍在新加坡大學中文系任教。饒宗頤和曾在馬來亞大學中文系（新加坡大學中文系前身）執教的好友趙尊嶽密切唱和，來往頻繁；不過，趙尊嶽不幸於1965年病逝；龔道運曾經在香港大學念過書，師從牟宗三（1909－1995），和饒宗頤也熟悉。畢業後，龔道運在新加坡大學中文系教書。饒宗頤或許和龔道運通過氣。同時，新加坡也是饒宗頤一些朋友常來常往之地。如著名收藏家、虛白齋主人劉作籌（1911－1993）雖然在香港就職，出生地和父母卻在新加坡，因而經常往返兩地。蔡夢香，潮州著名的書畫家和詩人，是饒宗頤父親饒鍔（1891－1932）的朋友，饒宗頤小時曾跟他學過書法，當時也在新馬兩地定居。此外，饒宗頤和新加坡以及南洋學術界的人士也有交流往來，他此前曾在《南洋學報》發表過幾篇文章。總之，新加坡有故舊，學術文化藝術氛圍似乎不差；新加坡大學中文系系主任的職位頗為顯耀；更何況，新加坡經濟正在崛起，離香港不遠，這些恐怕都是吸引饒宗頤南下的原因。

1960年代中期的饒宗頤正當壯年，其學術成就不僅在海外華人世界廣為人知，在國際漢學界也鼎鼎大名。1962 年，饒宗頤因其大作《殷代貞卜人物通考》獲得法蘭西文學院（Académie des Inscriptions et Belles-Lettres）頒發的儒蓮獎（Prix Stanislas Julien）。該獎以法國漢學家儒蓮（Stanislas Julien，1797－1873）命名，創立於 1872 年，可謂是當時國際漢學界的最高榮譽。此前此後，饒宗頤遊學日本、印度、歐美，一時交往都是國際學術界的巨擘，其學問、見識和人脈可謂漸入佳境漸入盛境！1962 年榮獲儒蓮獎則大大提高了饒先生在國際上的知名度，這應該是新加坡大學聘請饒宗頤的重要考量。須知，新加坡大學承襲英制，一個系的教授只有一個教授，遑論講座教授的頭銜！此外，除了學術成就，林溪茂還要借重饒先生的行政能力、學術資源和人脈來擔任系主任一職，為中文系的教學研究以及人才培養規劃藍圖。以此論之，林溪茂和新加坡大學對饒宗頤是非常得器重；饒宗頤對這個職位應該也是相當得滿意的，自信自己能夠有所作為。

饒宗頤去新加坡之前，香港的友朋為之高興，特地編寫了《饒宗頤教授南游贈別論文集》，作者包括羅香林、嚴耕望、羅慷烈、陳學霖、周鴻翔、阮廷焯、楊勇、馬泰來、張世彬八人，均為一時之選。香港大學中文系主任羅香林（1906－1978）的序文可以一窺當時人們對於饒宗頤去新加坡的冀望，因而也從側面反映了饒宗頤南渡的自我期許。羅香林寫到：「戊申八月，社燕已歸，秋蟬在樹，饒子方辭高館，駕言南征，教授星洲大學。故舊門人，惜其逾邁，祖席既張，清尊未竭，遠道勞思，聽言成集」；而後評價「饒子於學靡不有觀」，「其書流佈海內外」，「非姝暖於一學派一先生者可比，其志遠矣！」[3] 學問如此高深，而新加坡也頗多可取之處，可以人地兩全其美。饒宗頤當時已經掌握了梵文，而「星洲大學舊有梵文系，今雖廢，而庋藏梵典甚富，余固知饒子於是將泛覽而有所開拓也。」另外，南洋尤其是星馬地區，清末一向是文人南下的首選之地，是中華文化遺風猶在，因此羅香林接着說：「南中久與華夏交通，禮失猶有存著，而昔之才人學士縉紳先生，過者蓋邈

3　羅香林：〈序〉，《饒宗頤教授南游贈別論文集》（香港：饒宗頤教授南游贈別論文集編委會，1970 年），頁 1－2。

焉。若黃公度、陳弢廠、康長素、楊雲史輩，其著者矣。鴻踏雪泥，胥留勝跡，南中父老，尚想流風，山川到今沐其寵澤。然諸公或以學術稱，或以歌詩鳴，具一體耳，而人仰贊之若此。」前賢如此風流，南洋父老如此仰慕敬重，而饒宗頤詩書畫學術無一不精，其去南洋，前途自然大有可觀。羅香林遂預測：「今饒子不徒以學術蜚聲，自詩古文辭賦長短句，至於繪事雅琴，無有不精絕者。余固知異日南中父老之人物指點相告曰：此疇者饒某居停之所也，授業之壇也，著書之齋也，題詩之壁也，鼓琴之台也，入畫之樹也。夫豈惟南中之人物山川草木鳥獸蟲魚，有所資於饒子哉！」羅香林的這篇序描述了友朋之厚望，也反應了饒宗頤的心聲。然而，結果卻是大相徑庭，令人唏噓。五十年後，不但饒宗頤居停不為人知，連其執教事蹟亦鮮為人知！

應該説，饒宗頤對於新加坡大學的這個聘書是非常滿意的。第一，新加坡的薪水比較高，饒宗頤幾十年後曾經幾次提到新加坡大學提供的待遇不錯；第二，新加坡大學為饒宗頤的才幹提供了一個新的平台。當年香港大學的林仰山教授（1892－1974）曾破格提拔沒有大學文憑的饒宗頤為高級講師，從而為饒宗頤的學術生涯提供了一個寬廣的舞台。饒宗頤為此至生感激，並以豐碩的成就來回報林仰山的提攜。此次新加坡大學的聘請，或許是盛年的饒宗頤在另一個更為廣闊的華人世界開席傳經大顯身手的時機。因此饒宗頤決定舉家南遷新加坡：「他們整理物品，單是家內的藏書，整整花了兩天才整理完，滿滿的二十多箱。書籍是饒宗頤的寶貝，他決定平常能夠放在身邊用的書就要盡量帶着，況且是要長住新加坡。」[4]

那裏壓制中國文化，我覺得很壓抑

不料，在新加坡的幾年卻和期許相背，饒宗頤非常不愉快。最後，原來九年的合約僅五年就黯然終止。而這五年當中，饒宗頤也小半時間逗留美國、台灣等地遊學訪問，真正問事不過三四年而已。其中的原因，饒宗頤本人有過回憶，大致是對新加坡壓制中

4 陳韓曦：《饒宗頤 —— 東方文化座標》（香港：香港中和出版有限公司，2016 年），頁 205。

國文化不滿。他自己說：

> 1968 年到 1973 年，我在新加坡國立大學中文系任首任教授兼系主任，有五年時間。我在新加坡時心情不大好，那個時候，新加坡政府壓中國文化，所以後來我就跑掉了。新加坡本來請我擔任九年系主任，但是我到了第五年呆不下去，因為我在那裏做唯一的一所大學即國立大學中文系的教授，而政府卻根本不提倡中國文化，只提倡中國語，沒有「文」，只學華語就夠了，害怕中國文化，對大陸非常怕。時代的轉變非常有意思。我不能再住下去。《新加坡古事記》是在新加坡時編的，應該在那裏出版，可是至今才在香港出版。所以我的舊詩集取名《冰炭集》，如冰與炭。這跟當時的心情有關。假如我不以中國文化為重，而以個人的生活為重，我就不會這樣了，生活待遇上那是很不錯的。所以我離開之後，反而做了許多

事情。我完全以中國文化做主體的。[5]

1960 年代末的新加坡剛剛獨立建國不久，在冷戰的風雨當中投入了西方陣營。新加坡政府當時一方面允許學華文，另一方面壓制研究中華歷史、文化，冷凍、切斷中華血脈。饒宗頤對此十分不滿。他在新加坡時曾經花了很大的力氣整理新加坡的金石文獻，研究提倡新加坡歷史和華人華僑史，先後完成《星馬華文碑刻繫年》和《新加坡古事記》。可是，他個人的這種努力，和整個社會以及大學的氛圍尤其是執政當局的政策導向是格格不入的。對此，饒宗頤在 1989 年有過側面卻尖銳的批評。他說：

> 夫河山有表裏，文化亦有表裏。今人之所追逐者，唯富是求，然富之至義，非資財貨殖之為富也；有內富也，猶人之有內美也。內美惟何？立國之道，有不可動

5 饒宗頤述，胡曉明、李瑞明整理：《饒宗頤學述》（杭州：浙江人民出版社，2000 年），頁 65－66；底線部分又見胡曉明：《饒宗頤學記》（香港：香港教育圖書公司，1996 年），頁 81。

> 搖者，以文字歷史為其長久之根柢，國之靈魂繫焉。文字，非語言之謂也；必循其聲音形體，反覆其義，進焉以究其道。乃世有外尊語言而內蠲其文義者，有貌崇義理而徒繡其鞶帨者，是存皮而去其骨，買櫝而還其珠也。顧體國經野，其塗多端，有好為長久之遠慮者，亦有喜求一時之炫耀者，神而明之，存乎其人，是在智者，自擇而已。[6]

這段話把新加坡當時學華文拋棄中華文化的政策譬喻為買櫝還珠，現在看來，愈見饒宗頤的遠見卓識，令人掩卷長歎。

讀者或有疑問，是否會因為饒宗頤是中華文化大師而對新加坡的文化政策過分敏感呢？當時也在新加坡南洋大學執教的德籍漢學家傅吾康教授的話可以佐證釋疑。1988 年傅吾康應饒宗頤的再度邀請，為《新加坡古事記》作序。而在十八年前的 1970 年，傅吾

6　饒宗頤：〈新加坡古事記引〉，頁 xi。

康已經為此書稿寫了一篇序言。1988 年他補記說，當時距離前序已將近二十載：

> 此時此刻，大家或期望新加坡當局對於中華文化傳統會給予更多考慮。惜乎事實恰恰相反。數年前，以中文為媒介的南洋大學被關閉，併入新加坡大學合成為以英文為媒介的新加坡國立大學。陳荊和和陳育崧編撰的重要著作《新加坡華文碑銘集錄》被迫於 1973 年在新加坡外的香港由香港中文大學出版社出版。饒宗頤教授的古事記已絕無在新加坡出版的可能。雖然，鄙人樂見香港中文大學出版社計劃出版饒教授的這部文稿。如此，至少一些新加坡人可以藉此為其國史嚴重忽視中華因素而表達關注。[7]

7 Franke Wolfgang（傅吾康）："Foreword"，饒宗頤編：《新加坡古事記》，頁 ix。序言為英文，筆者譯為中文。

這樣看來，饒宗頤的回憶並無誇張過分之處。

沒有中國文化氛圍，饒宗頤自然不願在新加坡呆下去。他後來分享自己的心情說：「在新加坡生活待遇雖好，但是我呆不下去，只因我是以中國文化作主體的人。那裏壓制中國文化，我覺得很壓抑。在題辭裏寫：『雖無牧之後池之蘊藉，庶幾表聖狂題之悲慨』，那真是身無長物，兩手空空的感覺，覺得失去了依托」。[8] 他又說：「之所以我不能在新加坡，當時買房子很便宜，他們給我九年聘約，一家人也都去了，我只呆了四年就回來了。新加坡不能讓我的天性自由發揮，離開那裏才能有成就。這些問題是『地利』的問題。」[9]「我在日本那麼久，在法國時間也很長，但並沒有寄居海外淪落天涯的感覺，因為那裏有中國文化的血脈在。像我在日本，與日本友人寫詩唱和，研究敦煌文獻、甲骨拓片；在法國時，和戴老合作研究敦煌曲、研究敦煌白畫，我都覺得心裏很安

8 饒宗頤述，胡曉明、李瑞明整理：《饒宗頤學述》，頁 115。

9 胡曉明：《饒宗頤學記》，頁 36。

穩。」[10] 總之，饒宗頤關鍵是覺得新加坡政府壓制中華文化，使得其才幹無所施展，心情異常壓抑，故決計離開。

不過，除了大環境和氛圍的壓抑，筆者推測，饒宗頤的鬱鬱不樂，應該還和人事變動有關。當時新加坡大學中文系人事關係複雜，比饒宗頤早幾年服務於新加坡大學中文系的王叔岷（1914－2008）先生的回憶可以參證。

1962 年夏，王叔岷在台灣接到新加坡大學校長的來函，邀請其去新加坡大學中文系任教。「岷在新大無一熟友，與新大毫無關係，頗覺奇怪，聞新大待遇甚高，友好中有勸我去的，惟其時岷方得台大續聘函」，於是王叔岷答覆新大校長：「今年不能來，如必需我來，待來年如何？」[11] 1963 年春，王先生收到新大兩年客座教授的聘書，於是偕全家至新加坡，這個過程和後來饒宗頤受聘大致相同。他回憶說：「岷到新大任客座教授，甚得校方尊重，學生尤為愛戴。

10 饒宗頤述，胡曉明、李瑞明整理：《饒宗頤學述》，頁 115。

11 王叔岷：《慕廬憶往》（北京：中華書局，2007 年），頁 101。

岷素以真誠待人，代理系主任賀某表面對岷友善，稍久始聞彼乃最難相處之人，對岷有所顧忌，暗中為難，學生聽岷之課，則修彼之課不及格，並隨便安排科目與岷教，岷加以痛斥乃罷。」[12] 大概賀某以為王先生來，對其扶正系主任不利，故多加刁難。王叔岷呆了一年，覺得不愉快，「本欲離去，校方挽留，不得已於 1965 年教滿兩年，返回台灣」。按，1966 年林溪茂聘請饒宗頤執教新大，正是王叔岷離開之際。

1967 年王叔岷到吉隆坡馬來亞大學漢學系任客座教授；1972 年，王叔岷應聘到南洋大學中文系任講座教授。也許是基於新加坡大學的經歷，王先生在南洋大學一直拒絕行政職務，直到 1977 年「校方再三邀我為主任」，以度過南洋大學與新加坡大學合併的難關，王叔岷方才答應。[13] 1980 年兩校合併為新加坡大學，王先生仍擔任中文系主任，但已生退意，不久便退休。

王叔岷在新加坡大學中文系的人事上的煩惱，估

12　王叔岷：《慕廬憶往》，頁 102。

13　王叔岷：《慕廬憶往》，頁 118。

計饒宗頤也多少經歷了。以後事態發展表明，饒宗頤在新加坡大學中文系相當不愉快，才幹無處可施，途中幾次出走外國訪問，或長或短。興起而來，敗興而歸。遺憾之至！

其實不過三年零十個月

那麼，饒宗頤是什麼時候抵達新加坡的？又是什麼時候離開的？總共在新加坡大學中文系呆了多久？先看他什麼時候抵達新加坡。

饒宗頤 1989 年元旦在〈新加坡古事記引〉中說：「六八年之秋，余自香港于役星洲」。[14]「六八年之秋」又究竟是幾月呢？饒宗頤當年的詩可以參證之。1968 年中秋節饒宗頤和全家是在新加坡過的，有〈戊申中秋夜月全食．鼓琴待月〉一詩為證。[15] 按，此年中秋節為西曆 9 月 7 日，故饒宗頤是在此日前抵達新加

14 饒宗頤：〈新加坡古事記引〉，頁 xi。

15 饒宗頤：《冰炭集》，載選堂教授詩文編校委員會編：《選堂詩詞集》（香港，1978 年），頁 135。

坡。陳韓曦記作饒宗頤舉家遷往新加坡時「8月立秋過後」，[16] 雖然不錯，反而模糊。1968年立秋日為8月7日。

在新加坡的數年內，饒宗頤曾經幾次外出開會、講學。1970年6月，饒宗頤赴台灣參加「古代畫論」探討會；此年9月至1971年6月，饒宗頤前往美國就任「耶魯大學研究院客座教授，主講先秦文學。」[17] 1972年4月 29日，饒宗頤參加了新社和南洋學會組織的鄭良樹（1940－2016）有關《戰國策》的講座，有所感發，遂於5月11日致函鄭良樹，鄭良樹29日回函。兩人書信被收入《新社季刊》第四卷第三期，題為〈論學書簡〉，成為學界一段佳話。[18]

1972年6月上旬，饒宗頤「去印尼旅行」。[19]「先生從星洲到印尼旅行，歷都拍湖，湖區波澄如鏡，群山環繞，先生有結廬之想；後又游峇達山。先後得

16 陳韓曦：《饒宗頤 —— 東方文化座標》，頁205。

17 王振澤：《饒宗頤先生學術年歷簡編》（香港：藝苑出版社，2001年），頁58。

18 饒宗頤：〈論學書簡〉，《新社季刊》，第四卷第三期，頁47－48。

19 饒宗頤：〈汶萊發見宋代華文墓碑跋〉，《選堂集林．史林》（香港：中華書局，1982年），下冊，頁1074。

絕句二十章，次年，先生整理詩作。名為〈都拍湖絕句〉，附有先生一段小敍。其先時遊峇厘島，又賦〈峇厘島雜詠〉（十首）」；「是年年底至次年 5 月，先生任台灣中央研究院歷史語言所研究教授，住南港半載」；並「整理在星洲所作《冰炭集》（一一八首）。」[20]

1973 年 5 月，饒宗頤中研院期滿後回到新加坡。「先生在新加坡任教職，應聘期限原定九年，由於那裏不能讓先生的天性自由發揮，他只呆了四年半。是年中秋節，先生留別星馬知交後，即舉家返回香港。」[21]。「是年 9 月至 1978 年，先生回香港就任香港中文大學中文系講座教授、系主任。」[22]

饒宗頤離開新加坡去香港是在 1973 年中秋後。是年中秋日為 9 月 11 日，饒宗頤有詞〈憶秦娥〉，序云：「癸醜中秋，留別星馬知交，次王叔明韻。」[23] 那麼，中秋後的 9 月中下旬還是十月份呢？1976 年 8 月，饒宗頤回憶：「自七三年十月遠去星洲」，[24] 此去

20 王振澤：《饒宗頤先生學術年歷簡編》，頁 64。

21 王振澤：《饒宗頤先生學術年歷簡編》，頁 65。

22 王振澤：《饒宗頤先生學術年歷簡編》，頁 66。

23 饒宗頤：《栟櫚詞》，載《選堂詩詞集》，頁 228。

24 饒宗頤，〈新加坡古事記跋〉，頁 345。

1973 年離別新加坡不過三年，饒的回憶似乎可靠；不過，仍需材料驗證。

表 1 饒宗頤新加坡駐留時間

年度	駐留情況	駐留時間（月）
1968 年	8 月抵達新加坡。[25]	計為五個月（8－12 月）
1969 年	執教新加坡大學中文系。	計為十二個月
1970 年	6 月赴台灣參加古代畫論研討會；9 月至 1971 年 6 月，任耶魯大學客座教授。[26]「庚戌九月，饒子選堂暫移壇於北美，教授耶魯大學研究院。」[27] 去耶魯大學是應 Arthur Wright 之邀。[28]	計為八個月（1－8 月）
1971 年	無考。按《簡編》，是年 6 月結束耶魯訪問。 「秋，在星洲。錄存題畫詩三十許首，成《題畫雜詩》一卷」。[29] 1970－1971 年在耶魯大學完成《中國史學上之正統論》。[30]	計為六個月（6－12 月）

25 王振澤：《饒宗頤先生學術年歷簡編》，頁 53。

26 王振澤：《饒宗頤先生學術年歷簡編》，頁 58。

27 羅忼烈：《晞周集・序》，載《選堂詩詞集》，頁 192。

28 饒宗頤述，胡曉明、李瑞明整理：《饒宗頤學述》，頁 64。

29 施議對編纂：《饒宗頤志學遊藝人生》（澳門：澳門特別行政區政府文化局，2015 年），頁 169。

30 饒宗頤述，胡曉明、李瑞明整理：《饒宗頤學述》，頁 30。

（續上表）

1972 年	6 月遊印尼；[31] 1972 年 8 月，「在星洲，與潘受宴飲，有詩唱和」。[32] 是年底到次年 5 月，訪問台灣中研院，共半年；[33] 期間任歷史語言研究所「研究教授」。[34]	計為十一個月（1—11 月）
1973 年	上年底到本年5月訪問台灣中研院。中秋節返回香港。[35] 按，1973年中秋為9月11日。 「自七三年十月遠去星洲」[36]	約計為 4 個月（6 月 -9 月 30 日）
	總計	46 個月（約三年又十個月）

按，饒宗頤在新加坡大學中文系合同聘期 9 年；以實際任期計算，從 1968 年 8 月底 9 月初（中秋節 9 月 7 日前）抵達到 1973 年 9 月 11 日中秋節後離開，月圓人難圓，饒宗頤在新加坡大學中文系整整五

31 饒宗頤：〈汶萊發見宋代華文墓碑跋〉，《選堂集林．史林》下冊，頁 1074。

32 施議對：《饒宗頤志學遊藝人生》，頁 169。

33 王振澤：《饒宗頤先生學術年歷簡編》，頁 64。

34 「學術年表」，參見《饒宗頤學述》，頁 135；王振澤：《饒宗頤先生學術年歷簡編》，頁 64。

35 王振澤：《饒宗頤先生學術年歷簡編》，頁 65。

36 饒宗頤：〈新加坡古事記跋〉，頁 345。

年，任教其實不過三年零十個月，實際居留時間更短，不免令人感歎新加坡大學有遺珠之憾。饒宗頤在回憶中有時說他呆了五年，有時說呆了四年，大致確切。[37]

饒宗頤雖然在新加坡大學工作了將近五年，可是，筆者查詢新加坡國立大學各個部門的檔案文獻，均一無所獲，居然毫無一份原始的材料可以證明饒先生曾經在這個大學執教過，不能不讓人感慨！當年饒宗頤從香港南下新加坡大學執教，朋友門人對此期望很大，認為饒宗頤在新加坡傳播中華文化，必有大成。故港大同事兼好友羅香林在《饒宗頤教授南游贈別論文集》的〈序〉中樂觀地預想了若干年後饒宗頤遺跡成為南洋父老懷念的勝跡。他說：「今饒子不徒以學術蜚聲，自詩古文辭賦長短句，至於繪事雅琴，無有不精絕者。余固知異日南中父老之人物指點相告曰：此疇者饒某居停之所也，授業之壇也，著畫之齋頁，題詩之壁也，鼓琴之台也，入畫之樹也。夫豈惟

37　胡曉明：《饒宗頤學記》，頁 36、頁 81。

南中之人物山川草木鳥獸蟲魚，有所資於饒子哉！」

誰能逆料，歷史發展大相徑庭，饒宗頤的事蹟，在新加坡幾乎已被湮沒。羅香林的〈序〉，讀來宛若癡人說夢。

第二章
新加坡重要麼？

難產的《新加坡古事記》

饒宗頤在新加坡大學執教期間努力的一個領域，就是南洋史地研究。這是清末尤其是民國以來海內外學者宣導弘揚的一個重要領域，為傳統學術所未及。饒宗頤年輕的時候編撰潮州地方志，接觸到不少潮人下南洋的史料，也曾研究過韓江流域史前遺址以及文化、潮州瓷器、九龍與宋季史料等，對南海史地、華人華僑、海上絲路已有研究著述。在新加坡執教期間，一方面，饒宗頤把新加坡和南洋（南海）史地拓展為自己的新領域；另一方面，新加坡和南洋的遺址、考古、文獻，以及相關研究，拓展了他的知識結構，激發了他的問題意識，從而促使他在這一方面作出了許多新的貢獻。

饒宗頤在香港時就對南洋史地研究很有興趣，已有著述，比如他關於潮瓷的研究。1961 年，他發表了〈韓江流域之畲民〉和〈《永樂大典》中之南海地名〉兩篇文章，表明饒宗頤在 1950－1960 年代已經對南海史地有着濃厚的興趣和深入的研究。執教新加坡又為他研究南海史地和新加坡歷史提供了新的機遇和動機。在去新加坡之前，饒宗頤就開始搜集整理有關新加坡的古代文獻，後來編成《新加坡古事記》一書。1976 年他回憶說：

> 一九六六年夏，余在法京，忽接已故星洲大學校長林大波先生函，以該校中文系首任講座教授見邀，心許之而敢遽應也，遲延至一九六八年八月杪始蒞星洲。未赴任前，當以半載之力，搜羅清季以來史籍有關星洲紀錄者，輯為一冊，以備省覽，即本書之初稿也。歷年以來，于役東西，槖筆所至，若巴黎國家圖書館、耶魯大學圖書館、南港歷史語言研究所，瀏覽奇書，輒為摘記於槧，排纂詮次，早已成帙，而踵事增益，至再至三，頃始勒成

稿本。曏在星洲，嘗出示德國傅吾康教授(Prof. Wolfgang Franke)，承其推許，欣為弁言，日月易得，及今亦將六載矣。涉覽既豐，慮多訛失，未敢造次刊布。嘗於星大圖書館欲遍檢《叻報》，凡數十冊，而紙質朽脆，卒卒未能畢事，僅摘錄一二，以為附錄。至星洲碑刻，曩日已為論次編年，而世人謬稱不佞為南中金石之學，導其先路，馬前之卒，何敢居其功焉。此書所輯史料，以一九一一年為限斷，民國建元以前，新加坡早期華文所記事蹟，咸具於斯，因題其書曰《新加坡古事記》。自七三年十月遠去星洲，雖復把弱翰、齎油素，而車軌遠隔，已無可疇諮之人，愧洽見之滋難，慮殺青之無日，燕石瑣細，寧足觀采，惟虛耗精力，已逾十年，不忍棄擲，聊復構綴成篇，以供治海外華人史者之搴擇，若云將以廣窺多聞，則吾豈敢。

一九七六年八月饒宗頤於香港。[1]

1989 年元旦，他又作〈新加坡古事記引〉，對此書的編纂因由再次加以說明，一方面稱讚了新加坡的經濟成就，另一方面批評了 1970 年代新加坡學語言而棄文化的政策。他說：

> 乃世有外尊語言而內蠲其文義者，有貌崇義理而徒繡其鞶帨者，是存皮而去其骨，買櫝而還其珠也。顧體國經野，其塗多端，有好為長久之遠慮者，亦有喜求一時之炫耀者，神而明之，存乎其人，是在智者，自擇而已。
>
> 六八年之秋，余自香港于役星洲，未至之初，嘗致力於民國肇建以前華人莅星篳路藍縷以啟山林之史跡。竊以為立國之本必以史植基，惟不忘其祖禰之所自出者，終將獲致長遠之道。故所晝錄，不

1 饒宗頤：〈新加坡古事記跋〉，頁 345。

> 啻史前之史；凡文獻典籍、雜記之言及國名者，間亦為之條列，以其資料之可珍，而無務摭其枝葉。今之學者輒反是，往往套取外人之理論，肆為連犿之言，壅腫成篇，而迷其分寸。余書命名曰古事記，雖假扶桑之名號，亦又印度之有 Purāṇa，意止此耳。欲為讀史者，啟其戶牖，但直說事狀，提供原料，視為史鈔也可，非敢侈言史學，以自炫也。[2]

這一引一跋就把《新加坡古事記》的緣起講得明明白白了。《新加坡古事記》大約在 1970 年初就已完成初稿；1970 年 4 月，時任南洋大學教授的傅吾康應饒宗頤之邀，為其寫了一篇序言；沒想到此書出版似乎遙遙無期，十八年後，在廣州中山大學擔任客座教授的傅吾康又為此書做一短序，解釋了本書從完稿到出版的將近二十年的過程。[3]

2　饒宗頤：〈新加坡古事記引〉，頁 xi。

3　Franke Wolfgang, "Foreword"，《新加坡古事記》，頁 vii-x。

雖然《新加坡古事記》出版在其成書二十四年後，此書遍搜有關新加坡華文史料，集成一冊，是研究新加坡歷史重要的參考文獻，這也是饒宗頤對新加坡歷史研究重要貢獻。捫心而問，此書本來是饒宗頤獻給新加坡大學和新加坡社會的一份珍貴的禮物！

從甲骨文到星馬華文碑刻

饒宗頤抵達新加坡之後，受到了新加坡本地學人和學術團體的熱烈歡迎，他自己也立刻投入了本地的學社和學術活動中去。新加坡的《新社季刊》在第一時間發表了饒宗頤過去的詩詞《佛國集》、《固庵詞》和《長洲集》，當地的南洋學會和新社則馬上邀請饒宗頤加入社團並分別擔任理事和名譽會長一職。此後數年內，饒宗頤在其原有的甲骨文等各個領域高歌猛進，完成、發表了許多著述，尤其在新加坡歷史和南洋史地領域，饒宗頤貢獻頗多。

饒宗頤很早就開展金石研究，他在研究甲骨文的時候就深受王國維（1877－1927）二重證據法的影響，所以非常重視考古資料對於歷史研究的重要意義。在執教新加坡大學前後，他走訪了歐美亞各個博物館所藏甲骨，編成《歐美亞所見甲骨錄存》一書，1970 年在新加坡出版。

1970 年 7 月，饒宗頤在此書〈序〉中說：「本書收集的甲骨資料，可說是流落在海外的斷璣零璧，同時，亦是我歷年來旅讀四方的雪泥鴻爪。我自一九五五年起，每到一地方，輒留意當地博物館所庋藏的甲骨情況。」[4] 他 1955 年在日本撰有日本所見的甲骨；1956 年在巴黎撰有巴黎所見甲骨錄；1957 年在倫敦於大英博物館及劍橋大學圖書館讀藏龜，撰有校記；以後又參觀有加拿大、牛津大學、漢城大學等藏甲骨。「今秋，將重有美洲之行，發篋得甲骨影本拓片若干，暇日稍為排比，輯成一冊，題曰《歐美亞所見甲骨錄存》。友人陳之初先生見之，助資促其印行。」[5] 此書雖然盈盈一冊，卻是饒宗頤關於甲骨文研究的繼續，而且是在新加坡由新加坡友人、富商兼收藏家陳之初（1911－1983）資助出版，對新加坡以

4　饒宗頤編：〈序〉，《歐美亞所見甲骨錄存》（新加坡，1970 年）。

5　饒宗頤編：〈序〉，《歐美亞所見甲骨錄存》。

及饒宗頤有着特殊的意義。

饒宗頤在收集《新加坡古事記》的文獻時就發現到新馬地區華文文獻缺乏的問題，因而非常敏銳地意識到新馬華文碑刻對於研究華人華僑歷史、新加坡和東南亞歷史不可替代的角色。饒宗頤回憶說：「寫《古事記》時，我發現沒有文獻，只有碑，最豐富的就是馬來西亞的那一批材料。我是第一個從事這方面的研究，開闢了對馬來西亞材料的利用，開金石學在國外的先河。我自己帶學生去訪碑、照相，把碑的時間定下來。當然，我不可能做得很仔細。」[6] 他又說：「余向有歷史癖，南來一載，古剎荒丘，時勞登頓。橐筆懷槧，苦無餘晷。馬來亞地廣，行蹤難遍，凡所載錄，以青雲亭為主，他處未遑遍考。稍為排比年月，斷自清季，藉備研討南域華人史事之參考。他日有撰『星馬金石志』者。吾文敢謂為其嚆矢，拋磚引玉，企予望之。」[7]

6　饒宗頤述，胡曉明、李瑞明整理：《饒宗頤學述》，頁 66。

7　饒宗頤：《星馬華文碑刻繫年（紀略）》（台北：中國書目季刊社，缺出版年份），頁 9。

《星馬華文碑刻繫年（紀略）》收錄了自明末（1622年）至清末（1907年）間新馬地區的碑刻，抄錄碑文，附有照片三十三幀，另有附錄三篇：「碑目（木牌記附）」、「鐘、爐目」和「匾額紀要」；並有序言討論分析。饒宗頤在編寫《星馬華文碑刻繫年（紀略）》時，得到了本地友朋和學生的幫助。「本文之作，訪錄及攝影工作，多得梁榮基（1933－2022）之助。星洲則陳榮照，陳真愛兩君，檳城則黃晚香先生，蔴坡則陳蕾士（1918－2010）君，間為繕錄及覆勘原碑。又金蘭廟條規，承李業霖君錄示，崇文閣碑，亦荷其見告。良朋佳貺，附此致謝，作文並誌。」[8]

饒宗頤的《星馬華文碑刻繫年（紀略）》擴展了南洋華僑華人研究的地平線，成為這一方面研究的開創之作。傅吾康評價說：「姑不論早期光提單一銘刻的位子，饒宗頤氏於1969年發表的《星馬華文碑刻繫年（紀略）》，乃此方面開山之作。此為第一次

8　饒宗頤：《選堂集林・史林》下卷，頁1371。

嘗試將本區域華文銘刻廣泛的搜集和列舉者。」[9] 不久，新馬學者對此繼續搜集整理，研究範圍擴大到整個南洋地區，研究深度也逐步推進。饒宗頤後來對這個問題也有跟進，特別是對汶萊發現的「有宋泉州判官蒲公之墓」這塊古碑，頗有興趣。

有宋泉州判官蒲公之墓

1969－1971 年，傅吾康和陳鐵凡走遍了馬來西亞半島搜尋華文碑刻，遂於 1972 年春到了東馬（婆羅尼洲馬來西亞領土稱為東馬，而馬來半島馬來西亞部分稱為西馬）。[10] 正是在東馬查訪碑刻時，傅吾康和陳鐵凡得知了汶萊新發現一塊宋碑的消息，兩人立刻前去詢問，因此把這塊東南亞地區最早的華文碑刻介紹給世界。他們發現，碑文兩豎行大字，云：「有

---

9 傅吾康著，蘇慶華譯：〈東南亞華文銘刻資料的搜集與出版〉，《慶賀傅吾康教授八秩晉六榮慶學術論文集》（吉隆玻：馬來亞大學中文系畢業生協會，2000 年），頁 18。

10 陳鐵凡、傅吾康：〈略論汶萊宋碑新證〉，《學術論文集》，第五期，馬來亞大學中文系編，吉隆玻，1992 年 12 月，頁 7。

宋泉州判官蒲公之墓」，落款小字，云：「景定甲子男應（？）甲立」，「男」字下面一字模糊不清，陳鐵凡暫定為「應」字。[11] 傅、陳二人隨作一文，[12] 不過，當時中國正值文化大革命，內外隔絕，直到 1986 年他們的文章才被翻譯成中文，發表在一個不起眼的地方刊物《泉州文史》上。饒宗頤得到此碑的照片後，則馬上加以研究，頗有發見。

這塊碑文兩豎行十個大字，邊款八個小字，看起來簡單，景定甲子年也一查可知，但是，卻提出了許多難解的問題。傅吾康、陳鐵凡共總結了以下九個問題：一、泉州是蒲公的籍貫，還是應當連讀為「泉州判院」，也就是官職？二、判院又是何等官職？三、蒲公的身世如何？四、蒲公以及其子應甲的後裔是否可以從族譜中找到？五、蒲公既為南宋官員，為何到達且葬在汶萊？六、如蒲公客死汶萊，為何不歸葬唐

11 饒宗頤：〈汶萊發見宋代華文墓碑跋〉，《選堂集林・史林》下冊，頁 1074。

12 Franke Wolfgang & Ch'en T'ieh-fan, "A Chinese Tomb Inscription of A.D. 1264, discovered in Brunei", *Brunei Museum Journal*, vol. 3, no.1 (1973), pp. 91－99.

山（中國）？七、若蒲公墓地屬於佳穴，為何本地回教徒墓環繞四周？如此地本回教徒墓場，為何讓外地異教徒埋在其中？八、蒲公若銜命而來，其使命為何？九、此碑意義重大，是否有其它史料可以印證？[13] 上述九個問題涵括了此碑直接、間接的各個方面，而後諸位學者的研究，也大致就這些問題進行探索。

關於判院一職，蔣復聰、方豪、羅香林、許雲樵、傅吾康、陳育崧、鄭德坤、饒宗頤等都進行了探討。限於當時條件，傅吾康和陳鐵凡只從宋史、通考和宋會要查到了下列說法：樞密院、官告（誥）院、太常禮院、諫院、登聞院、理檢院、登聞檢院、登聞鼓院，無一符合。[14] 不妨回過頭來看饒宗頤當年關於此碑的討論。饒宗頤回憶說：「一九七二年六月初旬，我去印尼旅行。行前馬大陳鐵凡先生寄示傅吾康教授最近在汶萊訪獲一石碑影本，囑為鑒定」；饒宗頤遂去信，「詢問出土情形，近接來函，得悉該碑發見的

13 陳鐵凡、傅吾康：〈略論汶萊宋碑新證〉，頁 8。

14 陳鐵凡、傅吾康：〈略論汶萊宋碑新證〉，頁 9。

經過。」[15] 而後，饒宗頤研究此碑文，發表了兩篇論文。[16] 此二文後來饒宗頤改訂為〈汶萊發見宋代華文墓碑跋〉，收入《選堂集林．史林》下冊和《饒宗頤二十世紀學術文集》卷七「中外關係史」。[17]

饒宗頤指出，此碑發現之前，東南亞的華文古碑文物，最早不過明代，如麻六甲黃維弘墓碑為天啟二年（1622），蘇門答臘亞奇有成化七年（1471）鐘，而汶萊此碑為南宋末年之物，年代最早，故「價值最高」。汶萊當地視此碑為不可多得之文物，稱「由於是碑的發現，可以證明華人到達汶萊較前人推測可以提早一百年。汶萊歷史將為之而改觀。」饒宗頤又指出，此碑的另一貢獻是對汶萊回教歷史的補正。他説，過去的中國學者向來認為十三至十四世紀「回教勢力尚未傳入汶萊。今觀華文景定蒲氏墓碑，乃出現

15 饒宗頤：〈汶萊發見宋代華文墓碑跋〉，頁 1074。

16 饒宗頤：〈汶萊發見宋代華文墓碑的意義 〉，《新社季刊》，第四卷第四期（總第 16 期），頁 1－4；〈汶萊宋碑再跋 〉，《新社季刊》，第五卷第三期（總第 19 期），頁 1－4。

17 饒宗頤：〈汶萊發見宋代華文墓碑跋〉，《選堂集林．史林》下冊，頁 1074－1089；《饒宗頤二十世紀學術文集》卷七「中外關係史」，頁 338－354。以下引用均出自此，不再贅注。

於馬來人墳山上，可見十三世紀的勃泥，事實應該有回教徒了。」

考景定甲子年，為南宋理宗五年，即 1264 年。饒宗頤分析，宋時的汶萊為渤泥國，本服屬三佛齊；不過到景定年間，三佛齊沒落，爪哇東部的新柯沙里（Singasari）崛起，於 1254 年建國，而此碑立於此後十年；宋時的世界第一大港泉州，則由蒲壽庚（1245－1284）自淳祐五、六年（1245）到德祐年間（1275）擔任市舶使長達三十年，則此碑正好立於蒲壽庚泉州任內。

那麼，判院是何官職？饒宗頤考宋代職官制度，指出泉州置市舶司是在北宋哲宗元祐二年，市舶司設立「以知州為使，通判為判官，及轉運使司掌其事」，因此，「知州、通判及使臣均得稱為管勾市舶司。」饒宗頤分析：「此墓主官銜為泉州判院，其人雖未必是官泉州通判，但必是華化的阿拉伯人而且為回教徒，故為蒲姓。惟是否為蒲壽庚族人，則不可得知。以年代推之，當時蒲壽庚為泉州市舶使時曾任泉州官職。」

蒲壽庚是宋元交替的一個重要人物。蒲壽庚，號海雲，宋末福建海商，其先世本阿拉伯穆斯林商人，定居福建泉州。宋朝末年泉州一帶海盜猖獗，政府無力控制。蒲壽庚與其兄蒲壽宬，自行組織船隊，擊敗海盜，維持泉州安寧。宋朝政府遂招撫蒲壽庚家族，授官福建安撫沿海制置使。1276 年，元軍攻佔南宋都城臨安（今杭州），南宋皇族逃往泉州，意欲作都泉州。但蒲壽庚已經通元，聯合元軍擊敗宋殘餘勢力。至元十五年（1278），蒲壽庚任福建行省中書左丞。終元一代，蒲氏家族控制東南海上貿易，影響深遠。

饒宗頤之所以提及蒲壽庚，並非認定汶萊此碑的「蒲公」乃蒲壽庚家族成員，而是因為所謂「蒲氏」在唐宋以來的文獻屢屢出現，顯示了中國和阿拉伯世界頻繁的往來和文化的在地化。蒲氏乃穆斯林“Abu”的華文譯音，這些阿拉伯商人來到中國，有的逐漸定居，遂採用了華文姓氏。「唐宋時，勃泥及三佛齊人多蒲姓，且與華夏有交往」，饒宗頤一一列舉唐宋兩代到達中國的蒲姓著名人物，而且有的曾在廣州久住；此外，北宋時候，位於今天越南南部的占城也有蒲姓到達海南島居住。

回顧了蒲姓在華歷史之後，饒宗頤轉而分析此碑。他從書法家的角度指出：「此碑出於馬來人墳山叢密墓碣之中，惟用華文書寫，字體渾厚雄肆，想是出自宋季福建書法名家之手。其為宋碑，絕無疑問。」「墓主生前官職是泉州判官，而有墓在汶萊，意者其人或先代必兼營海舶。子孫則在汶萊。如彼卸官後，嘗隨舶返回勃泥，歿而葬於此，則其長男立墓碑，何以不書其諱。」[18] 墓碑不書其名，確實不可解。饒宗頤於是比較了廣州發現的蒲氏墓碑：「此墓碑只署年代即立碑者長男某甲之名，於墓主但記官銜而名字則略去，比之廣州蒲氏墓，既題其漢名，兼著阿拉伯名的具體辦法完全不同。頗疑心這是衣冠塚。即其人歿時仍在泉州，而由留居汶萊的後人立墓碑，以垂紀念，亦有可能。」饒宗頤此說，頗為合情合理。

不久，饒宗頤又寫了〈汶萊發見宋代華文墓碑跋〉一文，對此碑再次探討，並對個別觀點有所修

---

18 饒宗頤：〈汶萊發見宋代華文墓碑跋〉，頁 1077。

正補充。此文首先網羅史籍，一一列舉蒲姓資料，尤其是唐末宋初來華蒲姓使者。「海外各國使臣來華的正副使之下，都有判官同行。北宋以來，屢見於記載」，如渤泥國、闍婆國、占城國、大食國、三佛齊國、注輦國，「上列諸入貢國家正副使以外，都有『判官』，判官是使臣的佐貳，判官一名顯然是借用中國判官的名稱」，而且，「上列各國使臣中不少名曰蒲某。」

饒宗頤而後分析了所謂「蒲姓」之源流，他說：「『蒲姓』的分佈，且遠至南印度的注輦（Cola）。其實所謂『蒲姓』，但表示為『某某之父』的意思。凡『蒲某』的名稱，既非姓蒲，自然不是同一宗族，而卻是同一民族，即表示均是阿拉伯人，當然亦是回教徒了。」根據蒲姓的考據，饒宗頤分析了阿拉伯勢力進入並紮根東南亞的歷史：「蒲氏在東南亞諸大國，若占城、三佛齊、勃泥、闍婆已成為一般所習知。其他像蒲端、真里富諸小國，亦無不有『蒲姓』的足跡。自唐末宋初以來，亞拉伯人挾其商業力量，貿易所至，整個東南亞幾乎都有『蒲姓』寄居。從蒲某名稱的分佈看來，回教勢力從十世紀初已經逐漸侵入東南亞各國。」[19]

饒宗頤之所以不厭繁複地列舉蒲姓人名及時代，就是希望懂阿拉伯文的學者能夠將這些人的回名逐一還原，可以為阿拉伯海上通商歷史做參考；同時從空間看，蒲姓分佈整個東南亞，「可見不能像顧炎武那樣輕易地說他們都是大食國蒲希密的後裔」，也不能都把蒲姓列入蒲壽庚的世系中去。因此，饒宗頤認為，汶萊宋碑所引起的對於蒲家歷史背景的重新認識其重要性，「似乎比對該碑文本身的考釋工作，應該更饒有意義。」

最後，饒宗頤分享了對判院一職的新見解：「『判院』一名，在宋代含義甚為複雜。有時判院只是虛銜」，「汶萊這碑的判院，我以前認為可解作通判。現在細想起來，似可以作二種讀法，一是任泉州府判院職的蒲公，一是泉州籍曾任判院官職的蒲公。前者的判院，不妨以泉州府下屬官的通判說之。後者的判院，可能是一個虛銜，或者其人曾任過掌文書的判官，其後裔立碑，遂為加上美稱的『判院』。由於該

19 饒宗頤：〈汶萊發見宋代華文墓碑跋〉，頁 1084－1085。

碑文措辭過簡，一時無法加以判斷。」雖然汶萊宋碑的疑問至今沒有得到解決，但饒宗頤關於蒲公的推斷，至今可為一說。

三重證據法

饒宗頤在新加坡期間對甲骨文的研究、對星馬金石碑刻的研究，都體現了他對出土的有文字的材料的一貫重視。十幾年後，他便闡述了這個想法，在二十世紀初王國維提出的「二重證據法」的基礎上提出了「三重證據法」，具有廣泛的影響。

王國維先生 1925 年概括了二重證據法，意思是運用「地下之新材料」與古文獻記載相互琢磨校正。[20] 陳寅恪（1890－1969）先生後來進一步詮釋了二重證據法：「一曰取地下之實物與紙上之遺文互相釋證據」；「二曰取異族之故書與吾國之舊籍互相補正」；

20 王國維：〈古史新證〉，《王國維文集》（中國文史出版社，1997 年），第四卷，頁 2。

「三曰取外來之觀念，以固有之材料互相參證」。[21] 二重證據法成為二十世紀史學的銳利斧斤，大大推動了先秦尤其三代史的研究。饒宗頤在二重證據法的基礎上細分，將考古材料又分為兩部分 —— 考古資料和古文字資料，提出了三重證據法。三重證據便是有字的考古資料、沒字的考古資料和史書上之文獻材料。

根據曾憲通（1935－　）回憶，饒宗頤是 1982 年在香港中文大學舉辦的「香港夏文化探討會」上首次提出了「三重證據法」。[22] 饒宗頤指出，古籍中關於夏代的材料不多，但是有許多零星的記載，值得特別提出的是甲骨文。饒宗頤認為：「探索夏文化，必須將田野考古、文獻記載和甲骨文的研究三方面結合起來，即用『三重證據法』（比王國維的『二重證據法』多了一種甲骨文）進行研究，互相抉發和證明。」[23] 饒宗頤三重證據法的關鍵是區分出土材料中

---

21 陳寅恪：〈王靜安先生遺書序〉，載《金明館叢稿二編》（北京：三聯書店，2001 年），頁 247－248。

22 曾憲通：〈選堂先生「三重證據法」淺析〉，參見曾憲通：《選堂訪古留影與饒學管窺》（廣州：花城出版社，2013 年），頁 145－154。

23 引自曾憲通：〈選堂先生「三重證據法」淺析〉，頁 146。

有文字和和沒有文字的，從而強調有文字的出土材料的重要性。[24]

2003 年，饒宗頤又對三重證據法進一步的闡述。他說：「余所以提倡三重史料，較王靜安增加一種者，因文物的器物本身，與文物之文字記錄，宜分別處理；而出土物品之文字記錄，其為直接史料，價值更高，尤應強調它的重要性。」[25] 饒宗頤認為，出土文物如果沒有文獻作為說明，只有考古學上的資料，無法建立和當時的人地關係某歷史事件的聯繫與說明；而出土文字材料「和紙上文獻是有同等的史料價值，而且是更為直接的記載，而非間接的論述，所以應該給予一個適當的地位。」[26]

民族學學者楊向奎（1910－2000）也提出了類似的概念，他說：「民族學的材料，更可以補文獻、考古之不足，所以古史研究中的三重證代替了過去的雙

24 曾憲通：〈選堂先生「三重證據法」淺析〉，頁 147。

25 引自曾憲通：〈選堂先生「三重證據法」淺析〉，頁 147。

26 引自曾憲通：〈選堂先生「三重證據法」淺析〉，頁 148。

重證。」[27] 饒宗頤對此表示保留。他指出，民族學只可以作間接的輔助材料，並非直接的史料；民族學材料和饒宗頤所説的「異邦之同時、同例的古史材料，同樣地作為幫助説明則可，欲作為正式證據，恐尚有討論之餘地。如果必要加入民族學材料，我的意見宜再增入異邦的古史材料，如是則成為五重證了。」[28]

從強調考古出土的文字材料，提出三重證據法，到包含異邦的古史材料以及民族學的材料，綜合成為五重證據法，饒宗頤對二十世紀史學的新材料、新觀點、新方法做了一個全面而平衡的總結。這也得益於他研究星馬史地的實踐和經驗。

「蒲羅中」學案

饒宗頤在新加坡時，曾參加了許多學術討論，最著名的莫過於他和許雲樵及陳育崧關於「蒲羅中」的

---

27 楊向奎：《宗周社會與禮樂文明・序言》（北京：人民出版社，1992年），引自曾憲通：〈選堂先生「三重證據法」淺析〉，頁148。

28 引自曾憲通：〈選堂先生「三重證據法」淺析〉，頁149。

爭論。這場爭論，當時引起了新加坡乃至南洋學界的關注，可謂是一場學術公案。「蒲羅中」學案雖然基本上屬於學術討論，但初到新加坡不熟悉本地人事糾紛的饒宗頤也被捲入了是非，未免有些遺憾。[29]

許雲樵（1905－1981），本名鈺，又號夢飛，別號希夷室主。他出生於中國江蘇省，1931 年南下南洋，先後在柔佛柔佛巴魯寬柔學校和靜芳女子師範學校執教，經常在《星洲日報》和《南洋商報》副刊上發表有關東南亞的專文。1933 年許雲樵前往泰國北大年中華學校主持校務，1938 年返回新加坡；1939 年參加《星洲十年》編輯工作；1940 任教於中正中學；是年又與郁達夫、姚楠、張禮千等創辦「中國南洋學會」，開始主編會刊《南洋學報》共十八期。1941 年，許雲樵的〈丹丹考〉一文獲得中央研究院南洋歷史研究第一屆學術獎（蟻光炎學術獎），這是他一生引以為榮的獎項，這也是當時的中國學術界第

29　關於這場學案，參見楊斌：〈南洋史地：蒲羅中學案〉，《華人研究國際學報》（南洋理工大學）第 11 卷第 1 期（ 2019 年 6 月），頁 47－76。

一次為南洋研究設立的獎項。太平洋戰爭期間和戰後，南下的友朋紛紛離去，許雲樵除了日軍佔領期間的三年外，一直到 1958 年因人事糾紛辭職，擔任南洋學會理事十八年，主編了《南洋學報》第一至十三卷，苦力支撐，貢獻巨大。

1957 年，許雲樵受聘為南洋大學史地系副教授兼任南洋研究室主任，直到 1961 年離開。此後，他孤軍奮戰，於 1963 年創立東南亞研究所，主編及出版《東南亞研究》共七卷，至 1971 年停刊。1963 年義安學院成立，許雲樵受聘為院長室秘書兼史地教授。1967 年許雲樵因車禍而折股斷腕，同時義安學院也改為義安工藝學院，也就結束了他的教學生涯。1981 年 11 月，許雲樵因癌症逝世。據統計，究其一生，許雲樵出版專書共三十三本，論文一百一十一篇，他對新馬地方掌故的掌握可謂無人能比。許雲樵一生曾經歷過五次車禍，最後不幸又患癌症，同時還遭受着事業和人生的諸多不幸、不公，實在是一個頑強拼搏、永不屈服、卓有成就、令人敬重的前輩學者！

許雲樵運用其豐富的語言學知識以及長期在東南

亞生活的經歷，佐以其它材料，以對音法解決了不少南海史地考證的難題，如他關於丹丹為吉蘭丹境內的 Tendong 的對音、赤土位於宋卡（Songkhla）、北大年一帶、以及烏丁礁林（柔佛另一名稱）為 Hujong Tanah 閩南方言的對音等等，都非常精彩，體現了他淵博的知識和精細的態度。許雲樵自己最為得意的還是關於就是關於蒲羅中為新加坡最早的中文古地名的考證。這個考證，他着力頗深，頗為自信。

1961 年，許雲樵在其開拓性的著作《馬來西亞史》一書中說道：「蒲羅中國是一千七百多年前的新加坡古名，我發現已十年了，可是注意的人很少，最近才有些中學教科書，選我的文章充作教材。歐洲學者都還不知道。」[30] 那麼，他究竟是怎麼考證的呢？不妨引許雲樵的原話如下。許雲樵在「梁祚魏國」的條目下，說：

蒲羅中國的記載，見於《太平御覽》

30 許雲樵：《馬來西亞史》（新加坡青年書局，1961 年）上卷，頁 86。

> 卷七八七引吳時康泰表上的《扶南土俗》一書云：「拘利正東行，極崎頭海邊有居人。人皆有尾五六寸，名蒲羅中國，其俗食人。」
>
> 同書卷七九一引《扶南土俗傳》，還有一段更詳細：「拘利東有蒲羅中人。人若有尾，長五六寸，其俗食人。按其地西南『蒲羅』，蓋尾濮之地，名梁祚魏國，統日西南。有夷名曰尾濮。其地出瑇瑁、犀、象、珠璣、金、銀、葛越、桂木。人皆蠻夷，重譯乃通也。」[31]

扶南是東南亞半島海濱大國，三國孫吳曾派使節康泰、朱英到訪。康泰、朱英著作早已散佚，如同落葉一般零散於古籍文獻之中。許雲樵引述中國古代典籍之後，用對音的方法來具體分析梳理上述記錄。他說：「所謂『蒲羅』，該是巫語 Pulau（島）的對音，『中』，等於《島夷志略》中『戎國』的『戎』字，

31 許雲樵：《馬來西亞史》上卷，頁 86。

巫語 Ujong（極端）的訛略，合起來，Pulau Ujong 便如古所謂『極崎頭洲』，換句話説，便是半島極端的島國。」許雲樵繼續解釋説：「至於説『人皆有尾五六寸』，並非神話，而是有可能的，至今呂宋島山中，還有尾長族，只是不易見到而已。再有『其俗食人』，更不足奇，蘇島的峇遝人（Batak）至近代還有吃人的（Cannibalism）。」

這樣，許雲樵就認為柔佛南端的蒲羅中就是新加坡，因此，蒲羅中就是新加坡最早的名稱。許雲樵自己在「蒲羅中問題論戰輯錄」的「前言」中頗為自豪地稱：自己「在二十年前已考證康泰吳時外國傳中的蒲羅中為新加坡最古地名稱，巫語 Pulau Ujong 的對音」，「近年又為新加坡政府年報，新加坡史詩，及一般歷史教科書都有採入，向無異議。」[32]

然而，非常遺憾的是，許雲樵手中參考引用的

32 許雲樵：〈蒲羅中論戰特輯．前言〉，《東南亞研究》（*Journal of Southeast Asian Research*），第六卷（1965），頁 45。因新加坡國家圖書館《南洋商報》電子版和新加坡國立大學所藏《南洋商報》縮微膠卷均有模糊湮滅之處，故筆者以許雲樵編輯的《蒲羅中論戰特輯》為本。

《太平御覽》是一個出版社偷工減料的出版物，裏面的文字和句讀都有問題，導致了他對文獻的錯誤解讀。饒宗頤到了新加坡不久，便發現了許雲樵的這個錯誤。

1970 年初，饒宗頤在《南洋商報》新年特刊發表〈新加坡古代名稱的檢討 —— 蒲羅中問題商榷〉一文。文章首先回顧了古代典籍中比較明確的新加坡地名，如淡馬錫／單馬錫、龍牙門／凌牙門、石叻／昔裏，而後提及最近一些研究成果，「其中最著名者，無如許雲樵教授提出的一千七百年前的『蒲羅中』及『梁祚魏國』，即是新加坡古地名的新說，現已成為一般的常識。『蒲羅中』的名字，且列入教科書，甚至被寫入新加坡的史詩。由於資料的陸續發現，對於『蒲羅中』的認識，更進一步，我們覺得對這一問題，有重新討論的必要。」[33]

饒宗頤先列舉了許雲樵關於蒲羅中的證據，指

33 饒宗頤：〈新加坡古代名稱的檢討 —— 蒲羅中問題商榷〉，《蒲羅中論戰特輯》，頁 45－49。文中的「」或改作 ‘’，或改作《》，不一一指示。以下引文，均出於此，不再一一標注。

出：實際上「只有《太平御覽》卷七八七引吳時康泰的扶南土俗，和同書卷七九一引扶南土俗傳兩條材料，如是而已。」尤其是後者，許雲樵多次引證；而恰恰是此條引文，因為許雲樵閱讀的不是善本，有排印錯誤，造成他句讀不確。饒宗頤轉錄許雲樵引用的此條如下：「拘利東有蒲羅中人。人皆有尾，長五六寸，其俗食人。按其地西南『蒲羅』，蓋尾濮之地，名梁祚魏國，統日西南。有夷名曰尾濮。其地出璹瑁、犀象、珠璣、金、銀、葛越、桂木。人皆蠻夷，重譯乃通也。」饒宗頤指出「統日西南」一句，「極為不辭」，也就是不像古人的文辭；再仔細讀「梁祚魏國」這一句，似乎可以推導出蒲羅中也叫梁祚魏國，「如是說法，豈不以為一千七百年前的新加坡既名『蒲羅中國』，又名『梁祚魏國』？」

饒宗頤於是核查了中華影印宋本《太平御覽》卷七九一（頁 3508），發現「尾濮」此條共引用了三本書：一是永昌郡傳，二是扶南土俗傳，也就是上面的引文；三是梁祚魏國統；這樣一查，很明顯，梁祚是人名，《魏國統》是書名，梁祚是《魏國統》的作者。《隋書》「經籍志」其中的「史部」記載有《魏國統》

二十卷，梁祚撰；《魏書》卷八四記載了梁祚生平著述。[34] 饒宗頤指出，許雲樵也許誤將「魏國統」一書分成兩句，同時誤「曰」為「日」；或者是因為許雲樵所讀《太平御覽》的版本不好，刻印、標點句讀有誤。這樣，所謂「梁祚魏國」是子虛烏有的事情。

而後饒宗頤指出，蒲羅中一地，「古籍稱『蒲羅』，見於《南州異物志》，《太清金液神丹經》等書，原屬於歌營國。」《南州異物志》為三國吳時丹陽太守萬震所著，《太清金液神丹經》記名為葛洪，資料多半根據前書；康泰的《扶南土俗傳》記錄「蒲羅中國」，故饒宗頤又一一摘錄三書有關文獻，加以校釋分析。因為《扶南土俗傳》原書已佚，只能從《太平御覽》的轉引中查到。

《太平御覽》卷七八七記錄：「吳時康泰為中郎，表上扶南土俗曰：拘利正東行極崎頭，海邊有居人，人皆有尾五六寸，名蒲羅中國，其俗食人」。同書卷791 引《扶南土俗傳》：「枸（拘）利東有蒲羅中人，

34 饒宗頤：〈新加坡古代名稱的檢討 —— 蒲羅中問題商榷〉，頁46。

人皆有尾，長五六寸，其俗食人。按其地西南蒲羅，蓋尾濮之地名。」唐代杜佑的《通典》在卷一八七「尾濮」下，引文如前。[35] 饒宗頤認為，宋代的《太平御覽》卷七九一的引文是鈔自唐代杜佑的《通典》;《通典》記載的是「蒲羅」而非「蒲羅中」;「蒲羅中」「必非出康泰原書。」

饒宗頤隨後旁徵博引，指出《南州異物志》、《唐書》、《通典》、《酉陽雜俎》、《冊府元龜》諸書中蒲羅中有不同譯名，如蒲類洲、薄剌洲、勃焚洲、薄剌國、勃樊洲。藤田豐八（1869－1929）以為薄剌即"Balus"的對音，是唐義淨求法高僧傳中的裸人國。對比這些譯名，饒宗頤指出，《太平御覽》引用《扶南土俗傳》，「題其國名曰『蒲羅中國』」；而《太清金液神丹經》則記載「名曰蒲羅中有殊民」，應該斷句為「名曰蒲羅，中有殊民」；又，參考其他譯名，薄剌等後面均無「中」字；因此，蒲羅或為單獨的地名，後面未必有一個「中」字，而《太平御覽》的「蒲

35　饒宗頤：〈新加坡古代名稱的檢討 —— 蒲羅中問題商榷〉，頁46。

羅中國」一詞，「不一定是可靠的。」

綜合上述，饒宗頤總結説，梁祚魏國這一名稱，顯然是「錯讀」《太平御覽》，把人名的梁祚和書名的《魏國統》「誤連在一起」；關於蒲羅中，歸納文獻，有兩處稱「蒲類（剌）洲」，一處稱「蒲羅」，均無「中」字，另一處見《太清金液神丹經》，「中」字可以連下面讀，只有《太平御覽》記錄「蒲羅中國」一名；關於蒲羅洲的地理位置，饒宗頤認為是在加營國（歌營國），「與新加坡沒有關係」。因此，「蒲羅中」一名，「很難確定即是新加坡；為慎重計，我們主張不如闕疑為是。」

饒宗頤的考證，網羅文獻，校驗善本，材料的搜集可謂臻為極致；其分析亦步步為營，抽絲剝繭；其結論和建議也是合情合理。許雲樵讀後，覺得「這是我四十年來第一次讀到能深下真功夫，細加考證，以指正我失誤的一篇論文，使我非常興奮」，稱讚「饒先生實在是我的畏友」，非常爽快地承認了錯誤。[36]

---

36 許雲樵：〈蒲羅中問題的再商榷〉，《蒲羅中論戰特輯》，頁49－50。

他在回應文章中「萬二分感謝饒先生的指正，同時完全接受他的意見」；他説，自己的這個錯誤在於「二十年前」「所根據的《太平御覽》一書，的確是不大好的版本」，而「饒先生現在所用的中華書局影印宋本，一九六零才出版」；「我所據的謬本將後二則合併為一，且將曰字誤為日字，一時失察，乃至貽笑大方」；「我為謬本所誤，但我實難辭疏忽之責。」[37] 許雲樵言辭懇切，知錯認錯，正所謂君子之過也，如日月之蝕，過而能改，善莫大焉。

此後，兩人就蒲羅中引出的一些學術問題，相互辯駁，繼續討論，雙方闡明各自觀點後，便偃旗息鼓，點到為止。這是一場就事論事的學術論戰，論戰雙方都體現了學者的學識和君子的風度，值得後輩學習。論戰的結果，許雲樵虛心接受「梁祚魏國統」的批評外，蒲羅中為 Pulau Ujong 之對音及新加坡最早之古地名的説法也逐漸淡出學術界。

37 許雲樵：〈蒲羅中問題的再商榷〉，頁 50。

新加坡重要麼？

如前所述，饒宗頤真正在新加坡的時間不過三年，那麼，新加坡對於饒宗頤有什麼意義麼？換言之，對於盛年中的饒宗頤之人生與學術，新加坡重要麼？回答是肯定的。

饒宗頤在新加坡的這幾年年間，其學藝在各個方面繼續闊步前行。首先，他有意識地選擇了新馬歷史、南洋華僑華人歷史和南洋史地作為自己研究的重要領域，並在三重證據法思維的影響下，提倡文獻、考古的結合，對於上述幾個方面都有重要著述，有些研究是開拓性的，堪稱經典。〈星馬華文碑刻繫年（紀略）〉以及相關問題的研究，使得饒宗頤對於星馬華人歷史文化有了相對深入的了解，接觸了不少新的材料，有些還啟發了以後的研究課題。〈清詞與東南亞諸國〉則從另一面揭示了饒宗頤到了新加坡後學術的旨趣，更加關注新馬和東南亞的文史了。[38]

其次，新加坡也提供了饒宗頤反思修訂過去相關

38　饒宗頤：《選堂集林·史林》下卷，頁 1250－1259。

研究特別是涉及南海史地的一個時機。他的〈《大清金液神丹經》(卷下)與南海地理〉一文 1961 年初作於香港，1969 年在新加坡「重錄改定」發表。[39] 1969 年，饒宗頤經歷八年時光編著成《香港大學馮平山圖書館藏善本書錄》，經香港大學東方文化研究院及中文系之推薦，得哈佛燕京學社之補助，1970 年 12 月在香港由龍門書店出版發行。[40]

再者，新加坡和南洋的文獻、考古以及名勝也激發了饒宗頤的疑問和問題意識，提供了研究材料和思路。〈星馬華文碑刻繫年(紀略)〉提到的贊像、舶、新馬奉祀三一教主等課題，以後饒宗頤都有專文探討。〈銅鼓餘論〉就提到了中文系同事林徐典家中珍藏的銅鼓；[41]〈說舶及海船的相關問題〉則試圖回答了學友陳鐵凡提出的問題。[42]〈三教論及其海外移殖〉

39 饒宗頤:《饒宗頤二十世紀學術文集》卷七(第十冊),(北京:中國人民大學出版社，2009 年)，頁 5－78。

40 饒宗頤編著:《香港大學馮平山圖書館藏善本書錄》(香港:龍門書店，1970 年)。

41 饒宗頤:《選堂集林．史林》中卷，頁 876－914。

42 饒宗頤:《選堂集林．史林》中卷，頁 943－964。

詳細搜集討論了星馬崇拜三教的文獻、廟宇、碑刻，表明了南洋材料對於饒宗頤學術的影響。[43]

又者，饒宗頤在新馬或結交許多學友、藝友，或深化了一些老友的情意，這對於他擴大眼界、汲取養分、開拓思路、提高學藝都有幫助。最後，新加坡也是饒宗頤繼續在國際學術界交流互動的重要時期。不管如何，新加坡大學講座教授和系主任的職位，進一步擴展饒宗頤在國際學術界的空間，鍛煉了他的行政能力，增強了他的學術地位。

從饒宗頤這個時期的研究領域和研究成果分析，饒宗頤在新加坡期間繼續其關於古代史地、文學、文獻、敦煌學、甲骨學等領域的興趣，並且側重了南洋史地以及比較視野中的古代印度史的研究。同時，饒宗頤也創作和整理了自己大量的詩詞。可以說，新加坡和南洋為繼續、擴展、深化饒宗頤的研究提供了新的平台、材料、機遇、視野和靈感。這樣講，並不過分。

43 饒宗頤：《選堂集林·史林》下卷，頁 1207－1249。

第三章

往來無白丁

我的一個朋友趙尊嶽

無論在香港還是在新加坡，饒宗頤都結交了一批文人雅士，可謂談笑有鴻儒往來無白丁。本章選取他和幾位知交趙尊嶽、蔡夢香、劉作籌、戴密微以及楊蓮生在這段時期的交往，一窺豹斑。

饒宗頤長於詩詞，詞友很多，唱和頻繁。他在香港的時候，就與新加坡的朋友唱和；他到了新加坡，更加頻繁地與香港的友朋隔海唱和，而其中唱和極多、來往密切的便是趙尊嶽（1896－1965）。饒宗頤晚年在回憶中就稱他為「我的一個朋友趙尊嶽」，這是非常親切的稱呼。[1]

趙尊嶽的出生顯赫，其父趙鳳昌（1856－1938）

1　饒宗頤述，胡曉明、李瑞明整理：《饒宗頤學述》，頁 10。

是晚清重臣張之洞（1837－1909）的親信幕僚，戊戌變法、東南互保、《蘇報》案中都有其身影，在中國近代史上影響巨大，人稱「中山宰相式人物」、「民國產婆」、「民國諸葛」。趙鳳昌晚年寓居上海，故趙尊嶽和晚清民國名流交往頗為頻繁。趙尊嶽畢業於上海南洋公學，歷任《申報》經理秘書、行政院駐北平政務整理委員會參議。抗戰期間，趙尊嶽出任汪偽政府要職，抗戰後被捕入獄三年。

趙尊嶽的老師況周頤（1859－1926）是晚清民國詞界大佬。力尊詞體，論詞倡「重、拙、大」，「純任自然，不加錘煉」，影響甚巨。趙尊嶽作為況氏的得意弟子，以闡揚況氏詞學為己任，成就斐然。他在借鑒況周頤詞學理論的基礎上提出了自己的「風度」說。他將「重拙大」作為「風度」的基本要素，並對其作了進一步闡釋，講求詞的外在形式的審美作用，強調主體「詞心」的涵養和詞法的錘煉，顯示出了傳統詞學向現代文學理論轉變的痕跡。著有《明詞會刊》、《高梧軒詩全集》、《珠玉詞選評》、《珍重閣詞集》。

1948 年，趙尊嶽寄跡香江，先為中華書局海外編譯局的編輯，後又執鞭糊口，於香港文商專科學校任教。大約在 1958 年，他不甘坐食，應馬來亞大學之聘在中文系就任。有詞〈水龍吟〉自序云：「戊戌歲暮，初至星洲，郊行避雨山家，欣然有問舍之思」，可見他到新加坡是 1958 年年底。[2] 他常往來香港、新加坡之間，與饒宗頤、曾履川、李彌厂多有唱酬。[3]

饒宗頤也非常推重趙尊嶽的詞學研究，故 1963 年饒宗頤《詞籍考》在香港中文大學出版時，邀請了著名漢學家日本京都大學吉川幸次郎（1904－1980）和詞學家趙尊嶽作序，趙序稱「抒萬里十年之心力，奠一家絕學之鎡基。」[4] 1970－1971 年在耶魯大學訪問時，饒宗頤曾回憶：「曩與叔雍研詞樂，討論明譜《陽光曲》」，並作〈綺寮怨〉，有「勘嘆惜陰人去，珍重閣、最傷情。歌翻渭城」句，即懷念珍重閣主人

2 趙尊嶽：〈水龍吟〉，趙尊嶽、趙文漪著：《和小山詞、和珠玉詞》（上海：上海古籍出版社，2004 年），頁 119。

3 黃偉豪：〈香港舊體文學史的建構方法芻議 —— 以饒宗頤的交遊圈為例〉：《文學論衡》第 18－19 期（2011 年 6 月），http://www.huayuqiao.org/LLM/LLM-1819/LLM181904.htm。

4 王振澤：《饒宗頤先生學術年歷簡編》，頁 45－46。

趙尊嶽也。

在新加坡時，趙曾作〈和蘇軾海南贈息軒道士韻〉，由此激發了南海唱和。蘇東坡原作〈司命宮楊道士息軒〉云：「無事此靜坐，一日似兩日。若活七十年，便是百四十。黃金幾時成，白髮日夜出。開眼三千秋，速如駒過隙。是故東坡老，貴汝一念息。時來登此軒，目送過海席。家山歸未能，題詩寄屋壁。」

趙尊嶽選和此詩，當然是自覺與蘇軾當日的情景比聯：蘇東坡被貶海南，趙流落南天，幸虧兩人都可以寄友。趙尊嶽把他的和詩寄給饒宗頤；饒宗頤讀後頗有感慨，連和五首；趙讀後，又回和之。香港諸友李彌厂、曾履川，星馬蕭遙天（1913－1990）、蔡夢香等人紛紛加入，而饒、趙二人唱和最多，「極一時之盛」，成為詞壇一段佳話。

饒宗頤1976年秋整理詩篇成《南海唱和集》時就講得很清楚，武進趙翁叔雍南游星洲，「執教上庠。海氣昏昏，午枕成癖，嘗以和東坡海南贈息軒道士韻見示，余迭和之。翁奮其神勇，前後疊韻至五十二，具載《高梧軒詩集》（卷十二），余亦賡和至四十七疊。同時儕輩如李彌厂、曾履川累有和章，動盈筐裌，縞紵投報，極一時之盛。詩中有一字不符原韻，所不計也。李、曾諸家詩先後印行，余所作亦佈諸港大中文學會會刊。今諸公均下世，曩者耆舊，十年之外，凋落殆盡。叔雍墓有宿草，七三年秋杪，余離星洲前夕，與馮列山驅車臨其塋，行楸列列，停駕思哀。茲者重理陳篇，低徊往事，念逝沒之相尋，蓋不勝鄰笛之戚云。」[5]

1965 年 7 月 3 日，趙尊嶽病逝於新加坡。饒宗頤〈木蘭花〉自序云：「聞趙叔雍下世。翁月前方與余商榷明詞，遽爾長逝，青簡尚新，緒論已絕。賦此寄哀，哀可知矣」；詞云：

咽風鄰笛起，驀回首、變淒清。歎隙駒難留，塵箋宛在，休話朱明。花塍。勝流莫繼，算嘔心、千載有餘情。牢落關河隔世，故山猿鶴堪驚。

5　饒宗頤：《南海唱和集》，載《清暉集》（深圳：海天出版社，2011 年），頁 85。

飄零。江國正冥冥。荒服戴盆行。剩紫霞妻抱，獨攄孤憤，強忍伶俜。滄溟。短窗破夢，聽廖天、哀雁不成聲。望斷南雲萬里，一杯還薦芳馨。[6]

1968 年饒宗頤抵達新加坡時，老友趙尊嶽早已仙逝。1973 年秋，饒宗頤「離星洲前夕，與馮列山驅車臨其塋」，見「叔雍墓有宿草」，「行楸列列，停駕思哀。」[7]

視星馬如故鄉

和趙尊嶽不同，蔡夢香曾經是饒宗頤的老師。蔡夢香（Chua Meng Shiang，1889－1972），潮安人，早年畢業於上海政法大學，留校任教。後來下南洋，1922 年為新加坡華僑美術學院教員，1948 年二次南渡新加坡，曾經出掌棉蘭直名學校丁宜學校校政，繼

6 饒宗頤：《固庵詞》，載《清暉集》，頁 245。

7 饒宗頤：《南海唱和集》，載《清暉集》，頁 85。

而在新加坡端蒙、瓜夷、崇光等校為教員，常往來於新加坡、馬來西亞和中國內地之間，晚年定居於新馬。其喜作詩，治學出入於唐宋，風格如其人，不落蹊徑，獨樹一幟；書法造詣頗深，晚年書如作畫，若書若畫，水墨淋漓，不求形似，只求神若，意境高遠。

蔡夢香的妻子馮素秋（1894－1924）值得一提，她是左聯五烈士之一馮鏗（1907－1931）的姐姐。馮素秋不僅家學淵源，遍讀詩書，工於吟詠，有詩詞稿《秋聲》集二卷，而且膽略過人，曾立志要繼承秋瑾的未竟事業，秘密策劃革命，準備起義。後與丈夫蔡夢香一起在潮汕興辦女子教育，培養了大批優秀人才，是潮汕早期的革命者、教育者、女權者、女詩人，堪稱一代女傑。可惜，馮素秋因病未滿三十而亡，詩詞稿也在日寇陷潮時被毀。蔡夢香與其感情很好，故馮去世後蔡未再娶。而妻子的詩稿被毀一事，蔡夢香晚年心痛不已，1959 年曾有詩〈己亥復活節夜困酒假寐與亡室素秋同游白雲鄉醒後感作八九用前韻〉，去其妻仙逝已四十年。復活節這天晚上，蔡夢香酒醉而夢見其妻，兩人同遊潮州白雲鄉，醒來才發現是美夢一場而愈發淒涼。其一云：「人生憂患識字始，長才短命殆天意！九泉無計寄淚言，此恨綿綿四十年！白頭許共竟自老，燕泥落盡空樑倒。銷魂今夜夢境奇，卿乘彩鸞我青螭。酒醒客窗對孤影，一燈似豆憶遺詩。」其二云：「不許人間留隻字，殘稿罹殃豈料意。天乎天乎復何言？辜負苦吟生之年。芳菊久凋陶潛老，東流去水難西倒。安得返魂仙術奇，一如春雷起蟄螭。歲歲空逢復活節，長短秋娘折枝詩。」[8] 詩下並注曰：「素秋，馮氏，字菊芳，能詩。原籍浙之仁和縣人，父宦潮，因家焉。十九於歸予。年未三十而逝，遺稿秋聲：二卷。未付梓，日寇陷潮，遭喪失，可惜也！稿中有『今夜夜窗燈似豆，更無魂向此中銷』句。」

蔡夢香的書法造詣很高，名聲很大。他早年和饒宗頤的父親饒鍔交往，是饒宗頤的父執輩，故饒宗頤幼年時曾從蔡夢香學書。[9] 饒宗頤回憶説：「余髫齡習

8　蔡夢香：〈己亥復活節夜困酒假寐與亡室素秋同游白雲鄉醒後感作八九用前韻〉，蔡夢香先生書畫詩集編輯委員會編：《蔡夢香先生書畫詩集》（新加坡：柳北岸，1979 年 3 月），頁 68－69。

9　王振澤：《饒宗頤先生學術年歷簡編》，頁 4。

書，從大字麻姑仙壇入手。父執蔡夢香先生，命參學魏碑。於張猛龍爨龍顏寫數十遍，故略窺北碑塗徑。歐陽率更尤所酷嗜。」[10] 饒鍔逝世後，饒宗頤曾邀請父輩師友學人包括蔡夢香協助整理其父詩文遺稿。[11] 晚年蔡夢香居住於馬來西亞柔佛，與新加坡一河之隔；饒宗頤遊覽馬來西亞時或曾拜訪。

1947 年，饒宗頤的老朋友蕭遙天應邀在汕頭潮州修志館兼職，因饒宗頤介紹認識了蔡夢香。他回憶說：

> 其年秋，總編纂饒宗頤兄介紹一位清臒如鶴，天真如嬰兒的老者和我認識，就是夢香先生。那時先生由馬回鄉省親，宗頤童年是他發蒙的，介弟樂生博士為著名心理學家，書香門第，大家都肅然起敬。然而先生很隨和脫略，老少同歡，馬上把嚴肅的空氣化為融融洩洩。先生留居汕頭

10 http://raozongyi.artron.net/works_detail_brt00010500061.
11 陳韓曦：《饒宗頤學藝記》，頁 9。

> 期間，常和我們生活在一起。每飯輒反客為主，解囊加菜，提倡增飯，認為人生富貴不可期，口腹豈可忽乎哉？很獲得全館員工的擁護。先生手頭好像很闊綽，隨身行裝卻很輕很少，只有一個又舊又小的藤箱。一天，工友偷偷告訴有關先生的離奇新聞。他打掃房間，發覺先生那只小藤箱卻敞開着，也許三幾件衣袴拿去熨洗便空洞了。裏面藏着折疊的一張黃紙，好奇地拿起展開一觀，呀，「處士諱夢香蔡公之墓」。[12]

大家知道了這個秘密不敢說，老人家卻敏感地事先聲明：「自己的身後事讓自己做好，不是減少後人的麻煩嗎？」蔡夢香其豁達如此。

蔡夢香終其一生，從不睡床，疲倦了就躺在醉翁椅上，像一隻蝦一樣屈起來做夢。夢醒又寫詩作對，

12 蕭遙天：〈死生不出地球外四海六洲皆故鄉〉，《蔡夢香先生書畫詩集》，頁 4。

寫完即刻拋掉。當他作畫時，不知自己是書是畫，是夢是醒，醒後入夢，而不知其夢。可是，1954 年，一件突發的事破壞了他的生活規律。那是他中了頭獎馬票，共八萬多元，令他煩惱異常，因為「想見面的朋友偏偏不來看我，因為馬票已成友情的故障；而怕和我見面的卻天天包圍着我，這怎麼辦？」[13] 於是他提着那只小破藤箱，離開檳城，異地而居，一方面隨意揮霍，一方面接濟朋友，等錢花完了，才回到星洲。夢香老人行事如此，可謂奇人。

饒宗頤在香港時，蔡夢香時有書信唱和，也有幾首詩是寄贈饒宗頤的，其一是〈柬香港饒宗頤七用前韻〉，詩云：「十載闊別惰一字，逢好風月輒歉意。感慨萬端欲何言。時地人事異昔年。皤皤雙鬢客中老。一樽長自慰潦倒。鳳衰麟死時數奇！山據豺狼澤據螭。故知寥落更相阻，情懷久似杜陵詩。」[14] 蔡夢香於 1948 年重回新加坡，以「十載」推論，此詩約作於 1958 年前後，遙寄在香港的饒宗頤。雖然遠隔

13　蕭遙天：〈死生不出地球外四海六洲皆故鄉〉，頁 5。

14　《蔡夢香先生書畫詩集》，頁 68。

重洋，書信懶惰，但蔡夢香依然關切饒宗頤這位昔日的學生。

其二〈夢饒生宗頤三用珍重唱和集韻〉，詩云：「故鄉好湖山，從遊未虛日。一別隔重溟，經年倏疊十。君作天雁飛，我如岫雲出。著述與行吟，忙閑兩無隙。尺素惰遠遺，夢裏樂如昔。不勞訪載舟，情親共醉席。白月清風夜，陶然在赤壁。」[15] 疊十為二十，距蔡夢香南來二十年約為 1968 年；饒宗頤作雁南飛來新加坡在 1968 年；故此詩大約作於 1968 年或者稍後。蔡夢香得知饒宗頤執教新加坡而不免掛念，日有所思夜有所夢，「夢裏樂如昔」。

蔡夢香並有聯語《贈選堂》，云：「選育樂英才，立人立己；堂皇通王道，希聖希夫。」[16] 以「選堂」相稱，並以「選堂」嵌名，此聯當然是贈給饒宗頤的，應該作於 1968 年至 1972 年之間。

1972 年，蔡夢香逝世。同年 8 月饒宗頤「拜撰」〈蔡夢香先生墓誌銘〉，先敍其生平，「往來星檳間，

15 《蔡夢香先生書畫詩集》，頁 78。

16 《蔡夢香先生書畫詩集》，頁 90。

數度返梓，每不一載而返，終其身視星馬如故鄉」；而後高度讚賞其書法，「自擘窠小楷，波磔點畫，靡不殫究。鍥而不捨，若有神鬼役其指臂，而執筆之法屢易，老而日新，自出機杼，俯仰古今，無當意者；晚歲書所造益奇，而解人不易得矣」，並總結蔡夢香一生特立獨行的藝術風格：「銘云：於意於辭必己出不陌不阡異剽賊寧畸人而侔於天藏魄於斯表芳躅」。[17]

蕩胸虛白入空無

1949 年前後，香港因為特殊的歷史及政治因素，不僅見證了學者文人的聚散，也成就了文物古董的集散，譜寫了近代收藏歷史上獨特的光輝一頁。在無數文物流入香港的態勢下，一些有識之士，一方面基於對於文化的欣賞，一方面痛心文物的流失和損害，竭盡其能開始收藏，成就頗為可觀，其中佼佼者當屬劉作籌。

劉作籌（1911－1993），字均量，潮州人，父親

17　饒宗頤：〈蔡夢香墓誌銘〉，《蔡夢香先生書畫詩集》，頁 140。

在新加坡經商，家境殷實。劉作籌 9 歲時赴新加坡接受教育，後來回到中國就讀上海暨南大學附中，後來就讀暨南大學經濟系。大學期間，劉作籌曾經是從黃賓虹（1865－1955）和謝公展（1885－1940）學畫。在黃賓虹的指導下，劉作籌對書畫鑒賞有了一個良好的開端，開始收藏古畫。1949 年劉作籌受聘到香港，出任新加坡四海通銀行香港分行經理，這是新加坡潮州商人建立的銀行。在香港，劉作籌繼續擴大自己的藏品，選擇也越來越精，其收藏涵括明清兩朝各流派精品，如明四家、新安諸賢、畫中九友、四王吳惲、清初四僧和揚州八怪等，薈萃了近三百年間主要名家的精品，在書畫收藏界逐漸奠定了舉足輕重的地位。

劉作籌將自己收藏的一幅清代書法家伊秉綬的隸書「虛白」二字取為齋名。虛白語出《莊子．人間世》:「虛室生白，吉祥止止」。虛白齋也就成為一塊人人敬慕的牌子，被視作書畫界的神話。劉作籌的虛白齋藏品超過六百多件，年代從北朝至近代，尤以明清作品最為豐富精緻。虛白齋不僅是劉氏的光榮，也是香港的風景。在如何處理他的藏品這個問題上，劉作籌也曾躊躇不決。最後他決定取諸香港，還諸香港。1989 年，劉作籌把虛白齋藏品捐贈予香港藝術館，香港藝術館特別成立「虛白齋中國書畫館」，永久收藏陳列這批書畫。1991 年這一事件在新加坡經媒體曝光後，公眾譁然，引起了媒體、文藝界和公眾的討論和反思，幾年後還有議員在國會質詢：為什麼新加坡出生的劉作籌把收藏捐給了香港，而沒有留在新加坡？ 讀者或可以揣度之。

饒宗頤接受新加坡大學聘請，不知有無諮詢劉作籌？以常理論，當有此事。饒宗頤在新加坡時，劉作籌亦當有回新加坡相聚之雅事，惜不可考。不過，1970 年秋，饒宗頤赴美是和劉作籌同一航班，兩人想必是事前約好的。劉作籌在美事畢，便離開美國。而饒宗頤在美國將近一年，不免思念老友，有〈浪淘沙慢〉，題曰：「與均量同適美，余滯彼歸，秋去冬來，寫此奉懷」，詞云：

又秋深、蘆花岸草，野水空堞。鸞翼催人迅發、陽關客舍唱闋。只事往追思腸百結、長條在、自怯攀折。念去去煙波，帶暮靄、音塵成間絕。

清切。望中日近江闊。更地白霜凄，無人處、已斷寒雁咽。歎世短情多，唯是傷別。逝川不竭。閱無端聚散，天邊孤月。愁水愁風山重疊。文章事、時流漸歇。短歌起、嗚嗚敲罄缺、最惆悵、能幾清明，怕看取、梨花落盡東欄雪。[18]

1975 年中秋，饒宗頤已經回到香港，應劉作籌之邀到「虛白齋迎月，觀讀吳寬書卷，次東坡韻」。而後作〈浣溪沙〉二首，其一：「月到中秋例屬蘇。隨風咳唾落雲車。還當有裏更尋無。桂樹摘來書勝錦，吳剛斫下字如珠。玉延亭畔想撚須」；其二：「中聖迷花夢未蘇。酒醒尚不吐茵車。盪胸虛白入空無。雨腳風翻休濕兔，赫蹄書老愛纍珠。眾賓弄影捋吟須。」[19]「盪胸虛白入空無」讚揚了虛白齋的高雅與其主人的風度。

饒宗頤和劉作籌交往數十年，興趣相投，來往密

18　饒宗頤《晞周集》，載《清暉集》，頁 264。

19　饒宗頤：《栟櫚詞》，載《清暉集》，頁 299。

切。兩位都是書畫界人士，不僅自己能書畫，而且均有巨眼，善於鑒物。劉作籌不是普通的商人收藏家，他是國畫大師黃賓虹的學生，本人亦能書畫，這也是他為什麼能和饒宗頤成為知己的原因。饒、劉之間常有因賞畫而饒宗頤和劉作籌數十年的知交情誼最終體現在《虛白齋藏書畫選》，這是兩人合作和交往的物質之體現者，精神之象徵者，可以永恆。1983 年，日本東京二玄社為饒宗頤出版《虛白齋藏書畫選》，可見饒、劉二人的交情。「所藏書畫選均由先生及青山杉雨、谷村熹齋、江兆申精選，渡邊隆男、西島慎一協同編纂；先生對一百四十五幅作品作了說明，這就是書中的〈個別解說〉，再由新野岩男、屈志仁分別譯為日文、英文。」[20] 所謂〈個別解說〉即〈虛白齋藏書畫解題〉。[21]

這個解題按「繪畫着色圖版」、「繪畫單色圖版」和「書法」分成三個部分。[22]「繪畫着色圖版」自文

20 王振澤：《饒宗頤先生學術年歷簡編》，頁 89。

21 饒宗頤：〈虛白齋藏書畫解題〉，《饒宗頤二十世紀學術論文集》卷十三（第十九冊），頁 1167－1318。

22 饒宗頤：〈虛白齋藏書畫解題〉，頁 1169。

徵明《竹林深處圖》到張崟《泰嶽柚雲圖》共十九件，每件注明材質尺幅、題跋、鈐印，並詳加解題，即此畫之主題、賞析、作者介紹；「繪畫單色圖版」依「着色圖版」篇，自解縉《溪隱圖》至湯貽汾、董琬貞《雙梅圖》共八十八幅；「書法」自「宋元四家墨蹟」至陳鴻壽《行書七絕》共五十三種，每件注明材質、尺幅、題詞、鈐印、並作者介紹。

饒宗頤對虛白齋收藏書畫的解題精要細緻，體現了他對藝術的高超鑒賞力。沒有虛白齋的收藏，饒宗頤不可能有這個機遇欣賞這麼多宋元以來的名家書畫；而沒有饒宗頤，虛白齋所藏書畫也很難找到一個知音和行家來介紹、賞析這批書畫。這批書畫是劉作籌多年收藏的心血，解說則是饒宗頤學藝的濃縮，他們兩人可謂是當代書畫界的伯牙子期。

微公誰與袪吾惑

法國漢學家戴密微是饒宗頤的前輩，也是忘年的老友，對饒宗頤提攜頗多，是其一生學術上的重要人物，兩人來往極其密切。戴密微（Paul Demiéville，

1894－1979），出生於瑞士洛桑，1914 年從巴黎大學文學系畢業，次年進入巴黎東方語言學院隨從沙畹（Edouard Chavannes，1865－1918）和烈維（Sylvain Lévi，1863－1935）學習漢語和梵文，同時學習日文，1919 年畢業。1920 年赴河內法蘭西遠東學院工作。1921 年 6 月至 1922 年 1 月間，戴密微由法蘭西遠東學院派遣赴中國考察，在北京居住了很長時間，對中國博大精深的文化產生了濃厚的興趣。1924－1926 年，戴密微被聘為廈門大學教授，擔任西方哲學、佛教和梵文的教學工作；1926 年至 1930 年，他以日佛會館寄宿生的身份到達東京，在日本東京法國會館任研究員兼館長。從 1931 年開始，戴密微先後執掌教席於巴黎東方現代語言學院、巴黎大學和高等實驗研究學院歷史語言系，而後戴密微任法蘭西公學院中國語言文化教授，直至 1964 年退休。

戴密微對饒宗頤極為欣賞。1962 年，饒宗頤的殷代貞卜研究獲得法國儒蓮獎，其中戴密微其中推薦，功不可沒，可謂是饒宗頤的伯樂。戴、饒兩人研究佛學、敦煌學、詩詞，興趣一致，心意相通。1960 年代兩人常常見面，通信極多。在耶魯訪問時，饒宗頤就曾「憶瑞士累夢湖寄戴密微丈山村」，作〈西河〉一詞。[23]

1971年年底，戴密微寄贈《瑞士圖冊》，饒宗頤回想起五六年前兩人同遊的情景，於是作了〈白山圖冊〉，並「題句」，其一：「白山縈夢入模糊，黑嶺穿林若有無。踏雪看人迷遠近，朔風何計慰羈孤」；其二：「山水聊心存，北風隔千里。何以折贈君，數枝斜陽裏」；其三：「積嶺如濤帶雨來，髡枝萬簇雪成堆。野雲分瞑黃昏近，試問微陽回不回」；其四：「群山勢走蛇，其來不可已。屋小如牽舟，紅浸夕陽裏。飛雪拂空林，朔風振枯葦。去靄密成陰，浮生薄如紙」；其五：「莽莽萬重山，微絳染千里。山窮僕休悲，馬後峰頭起。」[24] 並跋曰：「辛亥歲暮，戴密微丈寄貽瑞士圖冊，回憶曩年白山黑湖之遊，挑燈寫此，率成數紙，時除夕紞如三鼓矣。選堂記於星洲。」[25] 時在「除夕」，則詩畫作於1972年2月14日晚。需要指出，

23 饒宗頤：《晞周集》，載《清暉集》，頁263。

24 饒宗頤：《題畫詩》，載《清暉集》，頁176。

25 饒宗頤：《題畫詩》，載《清暉集》，頁176。

饒宗頤曾作白山圖多幅。

戴密微又熟諳漢學界執牛耳者楊蓮生。饒、戴、楊三人學問超群，惺惺相惜。饒宗頤有〈金縷曲〉言其思念之情，題云：「法京之會，戴老屢邀先為瑞士之遊，阻事未赴。頃瑩輝轉來吳其昱兄影示楊蓮生教授訪戴游山楊柳記，喜為賦此，兼呈群公代柬」，詞云：

> 夢繞洛桑路。算山陰、同來訪戴，湖邊奇遇。一望桑田三千頃，全仗西風管顧。只有我、將馳還住。薄切風乾羊腸美，更傳來、萬里驚人句。心欲往、託飛絮。
>
> 華原畫筆人爭慕。感精潢、水木清華，共懷心素。楊柳新聲堪娛老，微惜歸期稍遽。看吐納、嵐光如故。且挾閒雲凌峰頂，望煙波、遙指長安樹。芳草碧，接天去。[26]

---

26 饒宗頤：《栟櫚詞》，載《清暉集》，頁 295。

又有〈憶秦娥〉寄戴密微，題云：「戴老自黑湖（Lac Noir）遙寄短簡，極繾綣之思，報以此闋，疊前韻」，詞曰：「山堆雪。秋風長護黑湖月。黑湖月。相望千里，寧分圓缺。洪河浩蕩何時歇。曹溪一勺曾三折。曾三折。渾無人我，何傷離別。」[27]

1974 年戴密微八十華誕，饒宗頤於是年 1 月作〈戴密微教授八十壽序〉致賀，云：「戴密微先生，以心楫道，因道通禪。早發《大乘起信》之疑，晚證《臨濟語錄》之髓」，「自像教西被，文思東洽，佈護之勤，揚喚之力，未有如公之卓絕者」，「公期頤在望，大業日新，凡茲雅尚，彌表耆德」，「歲在閼逢攝提格孟陬之月饒宗頤盥手拜序。」[28]

戴密微其名密微取自支恭明《合微密持經記》，臨終前曾夢至中華化為鹽柱；其欣賞中華文化如此！故其 1979 年於瑞士逝世，時在巴黎講學的饒宗頤傷

---

27 饒宗頤：《栟櫚詞》，載《清暉集》，頁 296。

28 饒宗頤：〈戴密微教授八十壽序〉，《固庵文錄》，頁 78－80；王振澤：《饒宗頤先生學術年歷簡編》，頁 65。「閼逢攝提格」是太歲紀年法，為甲寅，即 1974 年；「孟陬」為一月。《饒宗頤先生學術年歷簡編》記此文作於 1973 年，誤。

痛不已，「用杜公追酬高數州詩韻」作〈戴密微先生挽詩〉，哀歎「微公誰與祛吾惑，揮涕何堪過里門」，[29] 自然是以戴密微為師友兼知音之意。

收饒宗頤贈書一冊（想爾）

1970 年 9 月至 1971 年 6 月，饒宗頤前往美國就任耶魯大學研究院客座教授，主講先秦文學。在美國的這 9 個月，饒宗頤不但與張充和（1914－2015）互相唱和，多有題贈，而且也曾前去波士頓，與神交已久的「國際漢學第一人」之稱的楊蓮生（1914－1990）會面晤談。2018 年，哈佛燕京學社副社長李若虹（1966－　）女士微信告知，她在閱讀哈佛圖書館藏《楊蓮生日記》中發現楊蓮生和饒宗頤交往數則。她知道我曾研究饒宗頤生平，故將此七則日記拍照傳給我。楊蓮生和饒宗頤都是二十世紀的漢學大家，兩人教育背景迥異，學術道路也大不一樣，但從 1950

29　饒宗頤：《苞俊集》，載《清暉集》，頁 183－184；王振澤：《饒宗頤先生學術年歷簡編》，頁 80。

年代中期始，楊蓮生和饒宗頤卻因為國際漢學界的網路以及共同的研究興趣而開始交往。本人根據此七則日記，抄錄釋讀，輔以楊饒二公之信函，略加考證，對兩人近三十年的交往作一梳理。

1956 年 10 月 13 日（星期六），楊蓮生「收饒宗頤贈書一冊（想爾）」。[30] 收到書大概是早上 9：30，因為日記中印有每天的時刻表，此則寫在“9：30”右側。當然，楊蓮生不是每件事都記載發生的大致時刻之右側。如 10 月 14 日，他在“8：30”右側記「十時上課」云云；在“0：00”側記「十一時 Brown 來出示所譯文天祥傳二頁」云云。

此則日記大致可見楊蓮生上午到辦公室後，查看信箱，發現饒宗頤贈書；或者收到饒宗頤贈書；而後十點去上課。日記中所記「想爾」者，即饒宗頤所作《老子想爾注校證》一書。《老了想爾注》是老子《道德經》的注釋本，被認為是道教早期教派五斗

30 本節根據楊斌：〈山迴路轉不見君：楊蓮生饒宗頤交往考〉，《文化雜誌》108 期（2020 年 7 月），頁 48－62。浙江大學城市學院蔡淵迪博士幫助校讀核對日記原文，特此致謝。日記原文中不能辨識之字以「X」代替。

米道的一部哲學兼丹經的著作。關於其作者，歷來有不同說法，所以此後十三年內直接間接參加討論這部著作的的除了楊蓮生和饒宗頤外，還有胡適（1891－1962）、柳存仁（1917－2009）和陳世驤（1912－1971）諸先生。饒宗頤在《老子想爾注校證》中把敦煌殘卷連寫的《老子想爾注》經文與注釋一一錄出，按《老君道德經河上公章句》的次序，分別章次；同時對其作者、重要概念源流等作加以考證，著成此書。這是博學的饒宗頤研究道教思想與《道德經》源流的重要成果。

這是楊蓮生日記中所記載饒宗頤與楊蓮生第一次交往。此前如何，暫不可知。當時楊蓮生在哈佛大學和國際學術界地位已經非常重要。饒宗頤主動寄書，可見對楊蓮生學術地位之重視。

饒宗頤第二次進入楊蓮生日記要到 13 年後的 1969 年。5 月 16 日，楊蓮生記：「收拾書物與柳談，正一法文天師教戒科經應邀饒選堂共同討論（示以變文抄錄大藏經索引用法，又專門出示元狩黃孎能前後並 X 兩大陀等）」；「作航簡與饒（寄新加坡大學）副本與陳石湘亦請討論」。

日記中提到的「柳」，即柳存仁，當時他可能在哈佛訪問。兩人討論中，決定把相關材料寄給饒宗頤，邀請他一起研究這個問題，大約是因為饒研究敦煌文獻和道教問題頗有大名。因此，晚飯後，楊蓮生便給饒宗頤寫航空信件，並專門記上一筆「寄新加坡大學」。此外，楊蓮生還把寫給饒宗頤信的副本給了陳石湘，也請他一起參與討論。按，陳石湘即陳世驤，早年畢業於北大，1945 年長期執教加州大學伯克利分校；1969－1971 年，他曾邀請張愛玲任職於伯克利的中國研究中心擔任高級研究員。

1969 年 6 月 10 日，週二，楊蓮生「收到饒宗頤信，又饒與柳存仁信。」如前所述，饒等人正在討論道教和敦煌文獻等問題，故饒與楊蓮生信中附上他給柳存仁信件的副本，以供楊了解討論情況。以上便是饒宗頤和楊蓮生兩位大師尚未見面之前的神交。

1971 年 2 月，饒宗頤到了哈佛大學，拜訪了楊蓮生。這可能是是兩位第一次會面，自然也是第一次密切接觸，有過長談。2 月 18 日（星期四），楊蓮生在下午「一時」右側記下了饒宗頤拜訪的詳細情況：余英時「送饒宗頤來（由 Yale Limousine 來，充和送，此處英時接）出示所作粉牆詞」，而後在家宴請饒宗頤，飯後欣賞徐世昌等人的書畫及「余舊作數張，十時後先後散去。只留饒在此談詩畫，又出示近作山水，紙太薄，特贈王爾敏所贈宣紙二張。」最後，余英時「接饒去住」。

此頁日曆記載滿滿，大致可見饒宗頤在楊家活動。先是群賢畢至（包括郭廷以、高友工等人），或攜美酒，或帶佳餚，或親自入廚。飯後大家閒談，欣賞近人書畫，有徐世昌的書法、侯此人的畫作，而後楊蓮生也拿出自己的舊作分享，但不知舊作是書是畫亦或是詩。十點過後，大家紛紛告別，唯有饒宗頤為遠客，大約在等余英時從 Schwartz（史華慈）家趕來，所以楊、饒二人有單獨交流機會。饒宗頤或早有準備，拿出自己的山水畫與楊蓮生鑒賞。楊蓮生發現饒宗頤所用的宣紙太薄，於是把王爾敏贈送的宣紙二張轉贈饒宗頤。不久後，楊蓮生的學生余英時來，接饒宗頤回酒店休息。

此次拜訪，饒宗頤（或委託張充和）應當曾致電或信件和楊蓮生、余英時商量，所以張充和開車從耶魯大學送饒宗頤到車站，饒宗頤坐長途汽車到波士頓後，由余英時開車接到楊家。

次日（2 月 19 日，週五）上午“10：00”右側，楊蓮生記：「借全宋詞，饒所和清真詞，平仄有不依原作處，另有重複處等，作一短函與之略加評論，以答其意而已」。此處所記「饒所和清真詞」，指的是饒宗頤所作的《晞周集》。《晞周集》分上下兩卷，上卷可能就是饒宗頤與此年 2 月帶到哈佛大學以示楊蓮生者。「故今但和韻，而聲則大體依平仄，非能盡守規範，但期不失其鏗鏘」一句或為後來讀者（如楊蓮生）之批評埋下伏筆。又，示楊蓮生之饒詞，有可能是張充和手抄稿。《晞周集》中〈塞垣春〉一詞下，饒宗頤記「觀充和離騷書卷，並謝其為余手錄和周詞。」[31]

余英時是楊蓮生的學生，所以有邀請楊蓮生和饒宗頤到他家吃晚飯之舉。2 月 20 日下午（週六），楊蓮生記：「六時半英時來接到其家晚飯，有饒宗頤、陳啟雲、I 的學鑛夫婦（送兩唱片）」。按「學鑛」應該是卞學鑛，他是趙元任長女趙如蘭的丈夫，MIT

31　饒宗頤：《選堂詩詞集》，頁 201。

的終身教授；「I」或是 MIT 的簡寫。

3 月 9 日（週二）上午，楊蓮生記：「收饒宗頤信，已和完清真詞（有一首贈余）」。楊蓮生日記中稱饒宗頤和詞有一首是送他的，究竟是哪一首呢？《晞周集》中有一首〈秋蕊香〉，有題解「波士頓楊蓮生教授飲席」，詞云：

雪意猶噓客暖。情重況如初面。暫遊萬里豁心眼。莫道春杯尚淺。

繡絨密縷須金線。勞雙燕。題襟只惜楚天遠。清話難忘夕院。[32]

綜上可知，饒宗頤和楊蓮生的交往始於 1956 年，而以 1969 年因討論天師道相關文獻而關係密切；1971 年 2 月，饒宗頤假耶魯訪學之際前往哈佛，從而兩人第一次會面，期間有過暢談；此後兩人通信恐怕更加頻繁。可惜的是，不久，楊蓮生先生囿於病魔，不能正常工作。必須指出，楊蓮生和饒宗頤當時

32　饒宗頤：《選堂詩詞集》，頁 214。

都是國際漢學界的大學者，在西方和東方（日本）都有許多共同的朋友。希望今後能有更多的資料（如日記、書信和回憶）披露前輩學者的流光吉羽，使得小子能一窺賢者風流。

又，關於饒宗頤和楊蓮生晚年的交往，筆者曾經請教定居波士頓的陸惠風先生。陸先生是楊蓮生的晚年弟子，一直隨侍在側。他回憶，大約在 1980 年代末，饒宗頤曾經又來哈佛拜訪探望過病中的楊蓮生；陸先生並惠示當年二人的合影。

第四章 告別

我愁那可解，一熱復一寒

饒宗頤在南洋的四五年間，遊歷眾地，交往廣泛，所見所讀，所感所想，發之於心，凝於紙上；而舊雨新知，或在星馬，或隔南海，或在歐美，往來唱和，結集有《南征集》、《晞周集》、《冰炭集》和《栟櫚詞》。此外，《題畫詩》和《苞俊集》中亦有作於新加坡期間者。如果將饒宗頤詩詞從史學的角度分析，以詩證史，以詩補史，以詩解史，我們或可體會饒宗頤寓居異鄉的心路歷程。

《南征集》、《冰炭集》二者為詩，《晞周集》、《栟櫚詞》二者為詞。除了《晞周集》作於耶魯訪學期間，和新加坡大略無關，以上三者中的絕大多數作品是在新加坡期間所作。考所作時間，《南征集》是饒宗頤初到新加坡着手創作，直至離別，經歷多年；

《冰炭集》則修訂於 1972 年，其中的詩反映了 1971 年耶魯回來後到 1972 年在新加坡鬱鬱不樂的心情，如冰入炭，兩不相宜；《栟櫚詞》則是饒自耶魯訪學回來而作，饒宗頤歸期已定，故有許多道別之作。三者均是饒宗頤重要的心路歷程，研究饒宗頤者不可不揣摩之。《南征集》其中〈秋興和杜韻〉八首則是饒宗頤執教新加坡大學數年的心路，尤可細細品味。

《南征集》顧名思義，是饒宗頤從香港南下新加坡所作。其中「秋興和杜韻」的「跋」中說他「落南無事」，這四字看似輕鬆，卻揭示了饒宗頤滿腔塊壘自釋後的自我解嘲，是詩集的關鍵。《南征集》還包括了 1972 年 6 月饒宗頤遊覽印尼諸島的詩作，大致編訂於 1973 年。

饒宗頤在《題畫詩》的〈題畫雜詩〉前自序云：「往歲過日本琵琶湖，有句云：『天含神霧水如詩，湖草尋常秪弄姿。猶是荻花楓葉地，夕陽無語雁來時。』近以暇晷，作畫頗多，屢有題句，輒次是韻，共得三十許首，錄為一卷，以備忘云。辛亥秋杪，選堂時在星洲。」[1] 可見《題畫雜詩》32 首，為饒宗頤在星洲所作，1971 年歲末結集成一卷。

《冰炭集》則直接表達了饒宗頤在新加坡的鬱悶和不滿，乃至無聲的抗議。原因在新加坡當局的文化政策，只容許學華文，卻壓制、扼殺中國文化，使得饒宗頤才華無處可施。所以饒宗頤在《冰炭集》前解題說：「平生所作詩，懶不收拾，行篋存者猶近千首。友人頗愛余絕句，而刊行僅有瑞士黑湖諸作。爰以暇晷，裒錄成帙。漏雨蒼苔，浮萍綠錦，雖無牧之後池之蘊藉，庶幾表聖狂題之悲慨。舟車所至，五洲已歷其四。祁寒酷暑，發為吟哦，往往不能自已。念世孰相知定吾文者，遂奮筆刪訂，顏曰《冰炭集》，並系五古三首，鳴蟄哀黽，聊助鼓吹云爾。」[2] 刪訂時間是 1972 年。

《冰炭集》起首三章開門見山，總敘幾年來的焦灼、失望和迷茫。詩云：

---

1 饒宗頤：《題畫詩》，載《清暉集》，頁 171。

2 饒宗頤：《冰炭集》，載《清暉集》，頁 141。

胸次羅冰炭，南北阻關山。我愁那可解，一熱復一寒。　條風頻布暖，漫雲雖已闌。宵來爆竹聲，聊以警頹頑。

亂緒托高林，寒自波心起。指按欲斷弦，音生無際水。　瘦秋鏤細葉，微颸劫文綺。我衰更夢誰，幽憂此能理。

遊絲隔重簾，望春日欲斷。漠漠疏林外，入畫但荒遠。　流水自潺湲，中有今古怨。日暮忽飛花，閒愁起天半。[3]

胸中有冰炭，自然水火難容，一熱一寒，塊壘鬱積，故詩人憂從中來，愁不可解。當年來新加坡時的滿腹熱誠和滿志躊躇，都付諸斷弦，流諸無際水，而詩人又覺得年華老去，故有「我衰更夢誰」之問。當年孔子感慨「甚矣吾衰也！久矣吾不復夢見周公」，以此表達當世不能行周公之道的焦慮。斯言斯情，饒

3　饒宗頤：《冰炭集》，頁 141。

宗頤當有戚戚，因而感慨流水潺湲，歲月逝者如斯，自然有「今古怨」。

《栟櫚詞》作於 1971 年饒宗頤回新加坡後。栟櫚者，棕櫚也，東南亞為棕櫚種植第一大戶。《新唐書．南蠻傳下》「訶陵」記曰：「木為城，雖大屋亦覆以栟櫚。」訶陵，南海古國，一般指位於爪哇的東南亞古國。饒宗頤此集以栟櫚為名，蓋因此詩集作於古南海地。饒宗頤自己說：「庚戌在美，三月之間，遍和《清真集》一百廿餘首、南歸迄無一詞，只補〈漁家傲〉漏句七字而已。充和女士近為余重錄《晞周集》全帙，既竣，以書抵予，謂一年來算是迫出一句，何文思遲速如是耶？投以此解，和竹垞。」[4] 竹垞即明末遺民朱彝尊，竹垞是其號。

《栟櫚詞》末幾章多為辭別新加坡之作。饒宗頤在其「借田園居」已經將近五年，不免有惜別之傷，故有〈鵲踏枝〉惜別借田園居之修竹。題云：「屋外修竹數竿，五年來已高出雲表，迎風披拂，誠不可一日無此君，因賦是解，次舊字韻」，詞云：「嫩籜高

4 饒宗頤：《栟櫚詞》，載《清暉集》，頁 290。

篁新間田。遮莫樹竿，勝抵千株柳。畫筆秋來添古瘦。疏窗影墜寒光透。作計天涯輕去就。涼月光風，那管嬋娟妒。屋角鳴鳩呼雨又。蕭蕭況是黃昏後。」[5]可見，雖然饒宗頤在新加坡鬱鬱不樂，可是對借田園居還是有所不舍，尤其是「誠不可一日無此君」的修竹數竿。

1973 年中秋前夜，饒宗頤「中秋前一夕雨後候月」，作〈浣溪沙〉:「沙嘴江心月色殊。宵來雨脾卻模糊。誰邀倩影入吾戶。列宿爭光紛赴海，群山負夢悄籠湖。重林漠漠晚愁予。」[6]「重林漠漠晚愁予」前半句出自李白〈菩薩蠻〉:「平林漠漠煙如織，寒山一帶傷心碧。暝色入高樓，有人樓上愁。玉階空佇立，宿鳥歸飛急。何處是歸程？長亭更短亭」；後半句出自辛棄疾的〈菩薩蠻・書江西造口壁〉:「郁孤台下清江水，中間多少行人淚。西北望長安，可憐無數山。青山遮不住，畢竟東流去。江晚正愁予，山深聞鷓鴣。」此兩首均寫離別愁緒，符合饒宗頤當時之

5　饒宗頤：《栟櫚詞》，頁 295。

6　饒宗頤：《栟櫚詞》，頁 296。

心境。

當時饒宗頤已在收拾行裝，故在〈鷓鴣天・九日和憂羅忼烈〉中提到二百書箱；他又有〈漁家傲〉，感慨書多之累人，詞云：「雁怪書多翻是累。長空不肯排人字。卻羨渡江憑一葦。風浪裏。鄉心不與斜陽繫。咫尺關山非萬里。秋風助我成歸計。諳盡鹹酸詩外味。宵不寐。燭花何必虛垂沮」;「一葦」下注：「打疊書箱，方悟不立文字之妙。」[7] 不立文字，便無書籍；沒有書籍；就免了搬家之累。

不久，書箱行李打包完畢，有〈水調歌頭〉記曰：「東歸在即，書物盡打包，隨身只『萬壑松』一琴而已。中夜不寐，起操《搔首問天》一曲。自乘桴南海，廿載棲棲，明月入懷，俯仰今昔，爰賦此解，依坡老韻」，歌曰：

此曲幾人解，搔首叩旻天。女媧何故多变，摶土自何年。不學敲鐘鳴鼓，但以冰弦批拂，指上弄清寒。嫋嫋繞梁去，餘

7　饒宗頤：《栟櫚詞》，頁 296。

> 響落花間。
>
> 起山鬼，隱霧豹，警愁眠。別無長物，窺戶剛見月才圓。欲起湘靈鼓瑟，休作商聲變徵，意愜理能全。待乘埃風去，換骨托嬋娟。[8]

臨別之際，多有送別聚會。中秋之夜饒宗頤有〈憶秦娥〉，題云：「癸丑中秋，留別星馬知交，次王叔明韻。工詞見其林泉讀書圖云：『花如雪。東風夜掃蘇堤月。蘇堤月。香銷南國，幾回圓缺。錢塘上潮聲歇。江邊楊柳誰攀折。誰攀折。西陵渡口，古今離別』」，詞云：「花疑雪。開門且納中庭月。中庭月。雲衣低護，有圓無缺。南溟道是清遊歇。湛湛江水徒心折。徒心折。蒼山難老，謾勞傷別。」[9] 可惜，不知聚會者何人？

詩人即將離去，老天也通人意，夜雨連宵，饒宗頤有〈西江月〉記之曰：「連宵雨不止，誦毛西河『江

8 饒宗頤：《栟櫚詞》，頁 298。

9 饒宗頤：《栟櫚詞》，頁 296。

潮能苦雨能甜』句，悄然成詠。」詩云：「身羨渡江一葦，心縈落日千帆。山風掃葉雨鳴簷。客意隨雲依黯。沙際退潮能苦。簷一頭宿雨猶甜。酸風着水味如鹽。憑盡天涯闌檻。」[10]

上座傳經事已微

《南征集》和《冰炭集》二集最能反映饒宗頤在新加坡的心情，而《南征集》開篇〈秋興和杜韻〉共七律八首，是饒宗頤的精心之作，可以看作是饒宗頤新加坡生涯的詩史，不能不着重討論之。欲分析饒的這八首律詩，須得先理解杜甫〈秋興〉八首的背景和格調。

〈秋興〉八首是766年杜甫寓居四川夔州（今重慶市奉節縣）時創作的以遙望長安為主題的組詩，是杜詩七律的代表作，後來成為歷代詩人吟誦和唱和的

10 饒宗頤：《栟櫚詞》，頁297。

必然選擇之一。[11] 杜甫〈秋興〉八首如下：

其一：

玉露凋傷楓樹林，巫山巫峽氣蕭森。江間波浪兼天湧，塞上風雲接地陰。叢菊兩開他日淚，孤舟一繫故園心。寒衣處處催刀尺，白帝城高急暮砧。

其二：

夔府孤城落日斜，每依北斗望京華。聽猿實下三聲淚，奉使虛隨八月槎。畫省香爐違伏枕，山樓粉堞隱悲笳。請看石上藤蘿月，已映洲前蘆荻花。

其三：

11 殷學國：〈饒宗頤《秋興和杜韻》詩學話語分析〉，《暨南學報（哲學社會科學版）》第 37 卷第 7 期（2015 年 7 月），頁 114。

千家山郭靜朝暉，日日江樓坐翠微。信宿漁人還泛泛，清秋燕子故飛飛。匡衡抗疏功名薄，劉向傳經心事違。同學少年多不賤，五陵衣馬自輕肥。

其四：

聞道長安似弈棋，百年世事不勝悲。王侯第宅皆新主，文武衣冠異昔時。直北關山金鼓振，征西車馬羽書馳。魚龍寂寞秋江冷，故國平居有所思。

其五：

蓬萊宮闕對南山，承露金莖霄漢間。西望瑤池降王母，東來紫氣滿函關。雲移雉尾開宮扇，日繞龍鱗識聖顏。一臥滄江驚歲晚，幾回青瑣點朝班。

其六：

瞿塘峽口曲江頭，萬里風煙接素秋。花萼夾城通御氣，芙蓉小苑入邊愁。珠簾繡柱圍黃鵠，錦纜牙檣起白鷗。回首可憐歌舞地，秦中自古帝王州。

其七：

昆明池水漢時功，武帝旌旗在眼中。織女機絲虛夜月，石鯨鱗甲動秋風。波漂菰米沉雲黑，露冷蓮房墜粉紅。關塞極天惟鳥道，江湖滿地一漁翁。

其八：

昆吾御宿自逶迤，紫閣峰陰入渼陂。香稻啄余鸚鵡粒，碧梧棲老鳳凰枝。佳人拾翠春相問，仙侶同舟晚更移。彩筆昔曾干氣象，白頭吟望苦低垂。

杜甫自唐肅宗乾元二年（759）棄官，至當時已歷七載，戰亂頻仍，國無寧日，人無定所，當此秋風蕭瑟之時，不免觸景生情，因而創作這組律詩。簡單而言，詩人身世飄零，年老病侵，又聯想至國事盛衰之變，今昔變化，因而見景生情，去國懷鄉，有還鄉之思，有還鄉之念。〈秋興〉八首從結構來說可分兩部，以第四首為過渡。前三首詳夔州而略長安，後五首詳長安而略夔州；前三首由夔州而思及長安，後五首則由思長安而歸結到夔州；前三首由現實引發回憶，後五首則由回憶回到現實。〈秋興〉八首融鑄了夔州蕭條的秋色、清淒的秋聲、暮年多病的苦況卻依舊關心國家命運的深情，意境深閎，悲壯蒼涼。

葉嘉瑩（1924－　）認為杜甫的七言律詩「獨立開闢出」中國詩史上「一種詩體的意境」，而〈秋興〉八首歷來被公認為律詩之冠。[12] 她評論説：「這八首詩，無論以內容言，以技巧言，都顯示出杜甫的七律已經進入了一種更為精醇的藝術境界。先就內容看，

12　葉嘉瑩：《杜甫秋興八首集説》（台北：大塊文化出版有限公司，2012 年），頁 17。

杜甫在這些詩中所表現的情意，已經不是一種單純地現實之情意，而是一種經過了藝術化了的情意。譬如峰之採百花，而釀成為蜜，這中間曾經過了多少飛翔採食、含茹醞釀之苦，其原料雖得之於百花，而當其釀成之後，卻已經不屬於任何一種花朵了。杜甫在這些詩中所表現的情意，亦復如此。杜甫入夔，在大曆元年，那是杜甫死前的四年。當時杜甫已經有五十五歲，既已閱盡世間一切盛衰之變，也已歷盡人生一切艱苦之情，而且其所經歷的種種世變與人情，又都已在內心中經過了長時期的涵容醞釀，在這些詩中，杜甫所表現的，已不再是像從前的『窮年憂黎元，歎息腸內熱』的質拙直率的呼號，也不再是『朱門酒肉臭，路有凍死骨』(〈自京赴奉先縣詠懷五百字〉)的毫無假借的暴露，乃是把一切事物都加以綜合醞釀後的一種藝術化了的情意。這種情意，已經不再被現實的一事一物所局限」，是「經過綜合醞釀以後的一種感情之境界，則可以稱之為『意象化之感情』」；「再就技巧來看，杜甫在這些詩中所表現的成就，有兩點可以注意之處：其一是句法的突破傳統，其二是意向的超越現實。有了這兩種運用的技巧，才真正掙脫了格律的壓束」，「杜甫在這種開新的嘗試中，卻完全得到了成功。」[13]

〈秋興〉「則寫其因秋所生之多方面之感興」，「蓋此八詩，原但為杜甫寓居夔州，因見秋日草木之凋傷，景象之蕭森，而內心油然有所感發而作。至於其所興感者為何，則杜甫平日所心心念念者，原只在京華長安」，「唯是杜甫制題之際，不着懷鄉、感昔、傷今之任何一字，而但云『秋興』，含蘊深長，悠然意遠，無限感傷，盡在題外矣。而尤妙者，則『興』字又更有『興味』之一解，是就立意言，原為『感興』之意，且其所感興者，原為無限哀傷；而就其字面言，則偏偏着一『興味』之『興』字。」[14]

饒宗頤既是文學鑒賞家，又是一代騷人，他對杜詩尤其是〈秋興〉有着自己的理解。他說：「大凡詩思之源泉有二，非生於至動，即生於至靜。至動者，流離轉徙之際，如秦州之作，此得於外界動盪之助力者也；至靜者，獨居深念之中，如夔州之作，此得於

13 葉嘉瑩：《杜甫秋興八首集說》，頁 51－52。

14 葉嘉瑩：《杜甫秋興八首集說》，頁 89－90。

內在自我之體會者也。杜公對詩之見解，至五十一歲已臻成熟，自信力既增加，於詩益視為一生之事業，造次既於是，顛沛亦於是」；又說：「『不廢江河萬古流』，乾坤可毀，而詩永不可毀。宇宙一切氣象，應當由詩擔當之，視詩為己分內事。詩，充塞於宇宙之間，捨詩之外別無趨向，別無行業，別無商量。此時此際萬物森然於方寸之間，充心而發，充塞宇宙者，無非詩材。故老杜在夔州，幾乎無物不可入詩，無題不可為詩，此其所以開千古未有之詩境也。」[15]

杜甫之留夔州，時已五十一歲，思想和詩才已臻鼎盛；饒宗頤之到星洲，恰恰也在五十一歲，其學術和詩詞創作也已趨鼎盛，可謂巧合。這種一千二百年外的巧合，恐怕也是觸動饒公和秋興的靈感和觸機吧！杜甫之〈秋興〉乃獨居深念中之內在自我之體會，是至靜之作；饒宗頤之〈秋興〉亦是獨居深念之內在自我之體會，亦是至靜之作，況饒公本是至靜之人至靜之性！杜甫〈秋興〉是老病去國憂思之作，饒

15 饒宗頤：《澄心論萃》（上海：上海文藝出版社，1996 年），頁 63－64。

宗頤之〈秋興〉亦是去國鬱鬱不得志之作。這表明，饒宗頤和詩，不僅是文學上的和，還有境遇上的同，情感上的同，所以是心理上的通，心理上的和。因此，饒宗頤和老杜的〈秋興〉，絕非偶爾興起，絕非文學之戲，絕非詞藻之樂，而是有着深刻而微妙的藝術、境遇、心理、情感的寄託和表述，是文學和歷史兩者的結合。故錄〈秋興和杜韻〉於下。[16]

其一：

無寐涼飇忽入林，疏欞燈火助蕭森。彌天江海曾傷別，漫地風雲謳變陰。困柳嬌鶯猶喚夢，辭枝寒鵲若為心。義山斷腸非今日，欲寫秋聲怯夜砧。

16 饒宗頤：〈秋興和杜韻〉，《南征集》，載《選堂詩詞集》，頁112－113。序號為筆者添加。

其二：

六曲闌干斗柄斜，安排筆硯染煙華。
唇髻誰鑄成名馬，星漢今看有遠槎。九縣
多方爭豹略，萬方一概動羌笳。胡姬沉醉
呼難醒，起剔銀釭眼未花。

其三：

諸天移景澹含暉，上座傳經事已微。
荔子偏教樓閣麗，木棉不見鷓鴣飛。寸丹
澆水心餘熱，斷碧連山意更違。往日親朋
應眷我，籬邊人瘦夕陽肥。

其四：

一葉阽危似累棋，淮南枉賦長年悲。
紀侯大去還無日，陶令歸來會有時。關塞
他鄉多暝宿，江皋余馬苦朝馳。賓鴻萬里
無消息，林鳥從知有去思。

其五：

雨歇天低峭峭山，鄉閭指點白雲間。人隨秋水歸群壑，月帶星河照近關。叢竹送青還繞屋，金尊浮綠且開顏。飄殘墜蕊堆庭砌，試覓芳蹤向舊班。

其六：

綠到髡枝最上頭，柳條婀娜不宜秋。四時罕變冬仍翠，百卉何知春只愁。去去家山戀落日，棲棲南北逐浮鷗。他生未卜今生老，遙認齊煙是九州。

其七：

作稼難邀一溉功，河山回首日方中。趙岐繫志鳴孤憤，屈子何因欸緒風。牢落鬢非鴉背黑，淺清句共海綃紅。江頭多少王孫老，最憶滄州此禿翁。

其八：

長河望遠自逶迤，默默桑田接翠陂。北顧窮邊先舞雪，南征倦鳥且巢枝。不愁波淺潛蛟出，待見山明落照移。聽風聽雨黃葉路，相思華髮正低垂。

其後有〈秋興詩跋〉云:「昔錢蒙叟數和杜公〈秋興〉，當鄭成功舉舟師入南京，和之以作凱歌。及吳三桂弒末帝於雲南，則和之以告哀。前後所和幾百章，編次為《投筆集》，太炎稱其傷中夏之沉淪，未嘗不有餘悲也。《投筆集》在當日有所忌諱，未敢刊佈。宣統庚戌，鄧氏風雨樓始校鐫也。蒙叟於《有學集》卷十《紅豆二集》，僅錄〈後秋興〉八首，繫以題曰:〈八月初十日小舟夜渡惜別作〉，其句云:『皮骨久伴猶貰死』，『白水旌心視此陂』，厥志亦可哀矣。邇者港詩人以〈秋興〉倡和，前後累數十首，寄慨往覆。竊杜老三歎之遺音，異靈均〈九章〉之餘旨，落南無事，因夏丈之作，聊復賡歌。既成，誦之淒婉，反似義山，全失杜樣，為之悵然。爰書數語於末。」[17]

雖然新加坡並無秋季，饒宗頤卻自題〈秋興和杜韻〉，無他，四季無秋而心中惆悵大有秋意；不然，題目當為〈和秋興八首〉之類的。故「秋興」置前，頗有玩味之處，英文所謂 nuance。饒宗頤的制題，和前引葉嘉瑩分析的杜甫的制題，有異曲同工之妙。實無秋季，更無秋色！秋自何來，秋在何時，秋興何處？一個字，愁；愁乃心上之秋；南征不利而內心生愁，因愁而興悲秋之歎，自然而然聯想到老杜的秋興；又老杜秋興八首乃律詩之冠，若是尋常人，如非非常事，倘無非常情，誰敢和之？誰能和之？詩人的這幾重背景幾重心境，讀者不可不稍察之。

饒的這八首律詩，絕非創作於 1968 年初到新加坡之時，或其離去之際；也非一時一刻即興之作，恐

17 饒宗頤：《南山集》，載《清暉集》，頁 130。夏丈指的是即夏叔美（1892－1984），江西新建人，字書枚，為近代著名詞人夏敬觀（1875－1953）從侄，1958 年來港，以詩人身份任教於珠海、華僑、經緯等書院及香港中文大學新亞、聯合書院，與饒宗頤多有詩詞唱和。

怕是在美國歸來時候的 1972－1973 年。之所以被詩人置於《南征集》之首，是因為總攬了詩人「南征」的心路歷程，是《南征集》的詩眼，是點睛之作。《南征集》諸詩的排序並非以創作時間先後，〈秋興和杜韻〉作為首篇是解題，是詩人本人的刻意安排。讀〈秋興和杜韻〉，而後讀《南征集》，而後斟酌饒宗頤的新加坡經歷，方可以感受《南征集》的微妙之處和言外之意，作為眼前景心底事難言情，方可以感受詩人在星洲的心路，雖然饒宗頤幾十年來很少回憶他在新加坡大學的經歷。

悲秋是中國文學的傳統，除了感歎萬物蕭疏人世蕭條之外，思鄉歸鄉也是其中的一個主題。秋風起，思鱸魚，季子命駕便歸。饒宗頤的秋興，自然有「胡不歸」的意思在內。而置此八首於《南征集》首，亦有南征將畢，東歸在即的意思。因此，萬里悲秋常作客與鳥倦飛而知還的情懷，於此八首律詩兼備。

另，杜甫〈秋興〉其三有「匡衡抗疏功名簿，劉向傳經心事違」一句。此二句中包含兩個典故。《後漢書．匡衡傳》載，漢元帝初，匡衡數上疏陳便宜，遷光祿大夫、太子少傅。《漢書．劉向傳》載，漢宣帝令劉向講論五經於石渠，成帝即位，詔向領校五經秘書。天寶十載杜甫在長安獻「三大禮賦」，玄宗使待制集賢院，但並未得重用，只是送隸有司，去做參軍之類的小官；杜甫任左拾遺時，曾上疏救房琯，觸怒肅宗，及遭殺身之禍。杜甫借用匡衡抗疏河劉向傳經兩則故實，寫出自己一生中兩次重大遭遇，對自己全然不如匡衡、劉向，功名事業無成的遭際，流露出無限的悲慨。葉嘉瑩評論：「此以有諫諍而帝不省，欲傳經而願竟違。」[18] 杜甫以匡衡劉向被擢拔重用之典故，以匡衡功名不薄、劉向受詔傳經來對比自己的遭遇，而無限感慨。饒宗頤執教新加坡大學，本有傳經之意，不料風雲變化，中途掣肘，無事可為，同有杜甫之歎，饒宗頤在詩中也有「傳經」無果的感述，傷心「上座傳經事已微」。

當然，杜、饒時空相隔千二百年，身份和境遇自然也有不同，旨趣也不一樣，所以兩個〈秋興〉還是很有差別的。饒宗頤和詩後自己也承認這種差別。杜

18 葉嘉瑩：《杜甫秋興八首集說》，頁 215。

詩〈秋興〉八首，頗有悲涼深沉之氣，然而饒宗頤「落南無事」，「聊複賡歌。既成，誦之淒婉，反似義山，全失杜樣，為之悵然。」[19]「落南無事」輕輕四字，道不盡詩人才華無處施展、處處拘縛的無奈和淒涼。這八首律詩，既有詩人的聯想，也有境遇之歎，人生之老，去留之傷。來時「彌天江海曾傷別」，下馬才知「漫地風雲謳變陰」;雖有「寸丹澆水心餘熱」，孰料「斷碧連山意更違」;星洲「闢塞他鄉多暝宿」，詩人「江皋糸馬苦朝馳」，此地「四時罕變冬仍翠」，「柳條婀娜不宜秋」；曾經「聽風聽雨黃葉路」，「河山回首日方中」；而今「牢落鬢非鴉背黑」，「籬邊人瘦夕陽肥」；眼看「相思華髮正低垂」，「他生未卜今生老」；可謂「辭枝寒鵲若為心」，可惜「上座傳經事已微」；既然「胡姬沉醉呼難醒」，不如「陶令歸來會有時」。總之，到了 1972－1973 年，詩人「南征倦鳥且巢枝」，「林鳥從知有去思」，去意已定。

19　饒宗頤：〈秋興和杜韻〉，《南征集》，參見《清暉集》，頁 130。

香港，香港！

考饒宗頤的整整一百年，一方面天資加勤奮，另一方面天時地利人和，這樣，個人的天性和努力，在時代的大環境和潮流的支撐、扶持、簇擁和啟發下，成就了饒宗頤同時代學人所未能達到的淵博、精妙和深厚。

1949 年以前，饒宗頤基本還囿於傳統文史的範疇，雖然他已經關注考古這個二十世紀新引入的學科在中國的應用也即甲骨學的出現，但他主要精力是放在編輯潮州地方志和詩詞研究。1949 年在時代的巨浪中，他因方繼仁先生的挽留，滯留香港，隨即於 1952 年被林仰山聘任香港大學中文系講師，與香港結下了終生的不解之緣。方、林兩位是饒宗頤從一個年輕的傳統文人學者走向在國際上享有盛名的跨學科、跨領域的大學者這個路途上最重要的提攜者，他們有識人之慧，對饒宗頤有知遇之恩。

從 1949 年到 1959 年，饒宗頤着力於楚文化、甲骨文以及敦煌研究，訪問日本和法國，結識了一批國際漢學界的佼佼者如戴密微，學問迅猛擴展和精進。

他 1956 年完成《老子想爾注校箋》，1959 年有《殷代貞卜人物通考》一書，這些都是此十年心血的傑出代表，奠定了他在學術界和國際漢學界的地位。可以說，1950 年代末的饒宗頤已經走出了傳統的國學，並在近代歐洲傳過來且與中國文化傳統相結合的史學、考古學諸多領域打開了局面，取得了令人刮目相看的成就。1962 年他獲得的儒蓮獎即是國際學術界對他這十年的肯定。饒宗頤這十年的一個特點，就是研究考古材料中的有文字者，如楚簡、繒書、敦煌文獻、甲骨文。這是饒宗頤對王國維二重證據法的實踐和應用，以後他自己更提出了三重證據法。同時，這期間他繼續得到方繼仁的大力支持。1956 年方繼仁出資從倫敦購進斯坦因敦煌文獻的縮微膠卷，使得饒宗頤成為東亞第一個私人擁有這批珍貴材料的學者，這是饒宗頤以後在敦煌研究取得輝煌成就的一個得天獨厚的基礎。

1960 年代饒宗頤進入不惑之年，其學術在前個十年開拓的領域內繼續擴展、深化和昇華，同時他開拓了新的領域。他和印度漢學家白春暉自 1959 年開始互相學習中印語言文字，1963 年和法國漢學家汪德邁（1928－2021）到印度蒲那班達伽東方研究所訪學，跟白春暉的父親學婆羅門經典。這是冷戰期間不可思議和無法複製的機遇，使得饒宗頤成為唯一掌握甲骨文和梵文的學者（1976 他又學習了西亞楔形文字）。單以此論，饒宗頤已經古今第一人，足以不朽。而後饒宗頤又漫遊日本、歐美，結交均一時學界大家或青年才俊，聲譽愈隆。

從 1949 到 1968 這二十年，饒宗頤紮根香港，漫遊世界，潛心學術，巨作迭出，完成了自己從傳統文人學者到當代學術大師的蛻變。這個蛻變，需要感謝香港這一特定的時空背景：一是社會基本穩定，經濟繁榮發展，凱歌前進；二是香港成為東亞的一個政治、經濟和文化中心，成為聯繫東亞和世界的樞紐，或者說，香港即是世界的一個樞紐；三是香港因以上原因吸引了一批眼界、眼光都高人一籌的商人、學者和藝術家，饒宗頤深受其惠。這一切，不由得使人感歎，香港，香港！

1968 年秋，饒宗頤來到新加坡大學任教，聘期本來九年。此時，饒宗頤進入知天命和耳順的人生季節，按常理推想，他應該要為自己的學術人生劃一個圓滿的句號；以常情推測，他應該是開席傳經，甄選子弟，使得自己的學術在海外流播。這九年，本來應該他和新加坡賓主交歡而相得益彰，誰知饒宗頤在南洋鬱鬱寡歡，提前結束聘期，於 1973 年秋返回香港任香港中文大學中文系系主任。

南洋，南洋！

考察饒宗頤在新加坡的學藝，讀者可以發現，當時海外華人學者以南洋為基地的形成了一個學術圈。這個學術圈，除了傳統的中國文史，主要關注南海、南洋史地。相關學者一方面發揚傳統學術考證的優勢，另一方面借鑒和利用考古、人類學、語言學等新興學科和方法，稽古求新，既與中外前賢溝通，又相互辯駁，推動學術之發展。這些學者大都居於香港、星馬等地，個別在日本、台灣以及越南、泰國等南洋地區，包括饒宗頤、許雲樵、陳育崧、陳荊和、陳鐵凡、鄭德坤、韓槐准、傅吾康、以及後來的劉強、連士升、王賡武、何丙郁、崔貴強、陳榮照、吳振強、楊進發、顏清湟、梁榮基等學者，還有趙尊嶽、張荔英、劉抗、鄭子瑜、陳人浩、龔道運等在南洋紮根的學者、作家、美術家等。饒宗頤是其中的活躍分子，自 1950 年來，他在《南洋學報》發表了數篇文章。從他後來的研究看，饒宗頤非常關注《南洋學報》，應該是每期都看，故以後的研究也經常徵引《南洋學報》的文章。這個學術圈，以南洋為基地，向四周和西方世界輻射，同時也接收回應四周和西方世界的資訊和資源，基本上是冷戰時期除了中國內地之外的東亞華人世界的縮影。

南洋之所以能夠在 1950－1970 年代散發學術和文藝的光芒於東亞，既得益於其清末以來建立的廣闊而深入的海外華人華僑網路，也直接得益於二十世紀二三十年代以後從中國南下到泛中華文化圈南洋的一批學者、文人如潘受、許雲樵等以及同時期南洋各地所建華校培養的本地人才如陳育崧等（後者當中的許多人又返回中國接受高等教育而兼通中英文），更得益於冷戰時期南洋和內地政治、經濟、文化相對隔絕而加深其內部（港台星馬）以及和外界（日本、歐美）的聯繫，自成一體。1950－1970 年代的南洋，正經歷了其華人世界三小龍的騰飛以及其他華人社會在二戰後的復蘇發展，從而見證了南洋學人的風采和學術的進步繁榮。錢穆、饒宗頤、王叔岷等大師級的學者南來新加坡任教，正是被南洋的光芒所吸引，也添加了南洋的閃耀；而王賡武、何丙郁等南洋出生的華人學者從南洋走向世界著名大學執教並擔任重要職位，在東亞和國際學術界影響深遠，也是這時期南洋學術留給全世界的遺產。可惜，這三十年的南洋，因種種原因，如午夜曇花，只能繁茂一代，無法持續下去。可羨啊可歎，可憾啊可恨，南洋，南洋！

何也？以新加坡為代表的南洋社會，因為華人的逐漸在地化以及新獨立的國家推行民族國家政策，或只核准英文教育，或提倡馬來文、印尼文、泰文教育，雖然遭到如馬來亞華人華社的堅貞不屈的抗爭，但整個地區的華校基本覆滅，華文媒介式微，華文人才老去凋零，華裔年輕人華文水平急劇下降，而族群和國家認同又發生巨變，絕大多數華人華裔以所在國家為身份認同。這樣，華人的大中國認同在二戰後的東南亞逐漸消失，華人一詞也逐漸為華族一詞所取代。既然沒有華人，那麼，以華僑華人為基礎構建的南洋也就同樣消逝。東南亞民族國家的興起和華人以及南洋的消逝，這是一個硬幣的兩個方面。既然華人和南洋不復存在，那麼，以此為依托為源泉為基地的南洋學術界也自然而然地衰弱，不復當年的興盛，雖經有識之士的呼籲和努力，也還在掙扎和生存的困境當中。饒宗頤在新加坡的四五年間，正好經歷了這三十年的中期，環境益發惡化，他身臨其境，冷暖自知。南洋正在消逝，在他看來，如果不是已經成為，也感同「異鄉」！

是香港重新打造了一個饒宗頤

1973 年中秋過後，饒宗頤告別了南洋，返回香港擔任香港中文大學中文系講座教授和系主任，開啟了他人生和學術最輝煌的時期。此間饒宗頤又幾次訪學日本、台灣地區、法國、美國、泰國等地，幾乎無處無文章，而 1977 年發表之《中國史學上之正統論》尤為引人注目，學藝愈發老成。從 1968 年到 1978 年這十年，前五年基本在新加坡，饒宗頤鬱鬱不樂，後五年在香港，饒宗頤又如魚得水。到了 1970 年代末，誰也無法否認，饒宗頤已經是一代宗師，是中華文化圈和國際漢學界的通儒。

從 1949 年到 1978 年這三十年，饒宗頤立足香港，向海外發展，為自己贏得了一片大好世界。1978 年饒宗頤在香港中文大學榮休，可是，誰能想像，退休後的饒宗頤居然又開闢了一番新天地！

1978 年後，隨着冷戰格局的變化尤其是中國內地的改革開放，饒宗頤有幸成為第一批走訪內地這三十年出土文物文獻的海外學者。1980 年底，饒宗頤三個月內見走遍內地十四個省，參觀了三十三個博物館，接觸到一大批新的考古文物資料，[20] 這為他以後開拓性、發散性、超脫學科束縛的研究提供了新的材料和靈感。同時，饒宗頤也逐漸和內地學界恢復、建立的良好的聯繫和互動。退休後的饒宗頤，四十年來筆耕不輟，百歲之際的 2017 年夏還訪問了法國，真是古今罕見的奇跡。1990 年代以來，饒宗頤在學藝的成就逐漸為內地官方和學界認識和推崇，而逐漸成為香港的榮譽和象徵，成為中華文化在二十世紀、二十一世紀斷續、殘存、融合以及努力復興的一個

20 王振澤：《饒宗頤先生學術年歷簡編》，頁 83。

傳奇！

香港確實是饒宗頤成就其學問走向世界的基地和舞台。首先，在 1968 年饒宗頤去新加坡之前，他在香港潛心學術近二十年，遊學在印度和法國多年，獲得 1962 年的儒蓮獎，已經在國際漢學界享有盛名。其次，1973 年秋饒宗頤從新加坡回到香港，四十餘年再創輝煌，聲名滿天下，奠定一代宗師的歷史地位。應該說，香港這一因緣成就了饒宗頤。[21] 所以饒宗頤對香港感情極其深厚，他晚年回顧自己的學術生涯時高屋建瓴地總結了香港在上個世紀東亞和世界風雲變化中所處的特殊時空位置以及作出的貢獻。「香港這個地方，從地圖上看，只是小小的點兒，但是它跟中國學術的關係實在是非常大的，跟我今天的成就也有非常大的關係。我經常說，是香港重新打造了一個饒宗頤。」[22]

回顧饒宗頤的人生，不能不感歎，香港，香港！

---

21 胡曉明：《饒宗頤學記》，頁 19－39。

22 饒宗頤述，胡曉明、李瑞明整理：《饒宗頤學述》，頁 24。

後　記
香港是破了 model 的地方

饒宗頤曾經對新加坡滿懷希望，高度讚賞，最後卻鬱鬱寡歡提前告別了新加坡；饒宗頤曾經一度辭別了成就他的香港，而最後還是回到了香港，成就了他鴻儒的地位。這不由得不讓人比較新加坡和香港這兩個城市。

十九世紀上半夜，新加坡和香港先後開埠，在歐洲殖民主義和帝國主義向東亞擴張的背景下，得益於經貿和文化的全球化，成為中西方交流的樞紐，尤其是在兩次世界大戰中，新加坡和香港經濟上蓬勃發展，文化上相容並蓄，兩地密切聯繫，溝通有無，既相互合作又彼此競爭，出演了雙城記這樣一出精彩的曲目。特別是新加坡，它是英帝國主義在東南亞和東亞最重要的基地，是英國制度、經濟、文化向東亞擴張的範本。無論是香港還是後來的上海、很多制度、文化、經濟乃至人群，都可以追溯到位於南洋的新加坡。

可是，1949 年以來的冷戰格局改變了東亞的生態環境。上海逐漸走向封閉，而香港和新加坡則得益於冷戰人為切割聯繫，其東西交通樞紐的地位益發突出，在全球資本流動的大格局下，1960 年代以來在東亞首先實現經濟現代化，在亞洲四小龍中佔據了兩個位置。香港尤其突出，文化上接收了因內地政權變革而南渡的文人學者官僚，體制上維繫着英殖民地的管轄，成為中西文化衝突交流融合最成功的案例。饒宗頤就是其中的代表。他 1949 年滯留於香港，因緣際會進入香港大學執教，其間結交認識了一批名重天下的文人學者藝術家，如錢穆、羅香林、鄭德坤、簡又文、嚴耕望、趙尊嶽、張大千、溥儒、董作賓、趙少昂、丁衍庸，同時和西方以及其他地區的學者如高羅佩、戴密微、吉川幸次郎、清水茂、楊蓮生、洪煨蓮、許雲樵、傅吾康、傅漢思、張充和、房兆楹、王叔岷、王賡武、何丙郁、葉迦陵、周策縱、柳存仁、鄭良樹、陳荊和、陳鐵凡、汪德邁、蒲德侯、王己千等往來，加上自己的才華和板凳甘坐十年冷的勤奮和耐心，取得了舉世矚目的成就。在新加坡大學期間，饒宗頤進一步開拓了自己的領域，深化了自己的研究。據此而言，香港和新加坡對於饒宗頤的學藝，非常重要。然而，相較於香港，新加坡對於饒宗頤並非那麼關鍵。這是一出跛腳的雙城記。

早在1953年，饒就有預見性地把香港比作漢末三國的作為南北交通樞紐和避風港的荊州。[1] 如果說，荊州的特定時空孕育了荊州學派和王弼這樣的大學者，香港則孕育了饒宗頤這樣獨一無二的通儒。饒宗頤這樣解釋香港給予他的機遇和栽培：「我這個人總要搞七搞八。香港是破了model的地方，能讓我的天性自由發揮，這使得我的學術領域能夠破除藩籬，有一定的廣度和深度。我曾經對自己的學問加以歸納，分為八個門類，分別是敦煌學、甲骨學、詞學、史學、目錄學、楚辭學、考古金石學、書畫。從時間跨度上來說，涉及從上古史前到明清，這樣宏大的規模格局，也得力於香港這一破了model的風格，算是得其地利吧。」[2] 和香港相反，「新加坡不能讓我的天性自由發揮，離開那裏才能有成就。這些問題是『地利』的問題」。[3] 這個地利，說穿了就是文化政策和文化包容的氛圍。

相較於對香港的感恩，饒宗頤對於當時的新加坡頗有微詞，認為新加坡壓制中華文化，管理者的條條

---

1 胡曉明：《饒宗頤學記》，頁37；饒宗頤述，胡曉明、李瑞明整理：《饒宗頤學述》，頁21－22。

2 饒宗頤述，胡曉明、李瑞明整理：《饒宗頤學述》，頁86。

3 胡曉明：《饒宗頤學記》，頁36。

框框太多，壓抑學術的自由和天性。當時新加坡獨立不久，在冷戰的大環境下，在東南亞強鄰四伺的情況下，經濟上非常成功，是亞洲四小龍之一，是東亞最早實現現代化的國家，又是華裔為主的國家，饒宗頤也為之高興。他一方面讚揚了新加坡以彈丸小國取得的經濟成就，「自古華人於海外立國，而能廁於強國之林，不以幅員之小而降其聲威，不以人口之少而減其盛美，孰有如今日之新加坡國乎？」[4] 另一方面他也批評了 1960－1970 年代新加坡學語言而棄文化的政策。

作為唯一華裔華人為主的小國，當時的新加坡採取了割裂與中國聯繫的國策，在文化上打壓中國文化，從而使得以中國文化為主體想在海外（新加坡）做出一番事業的饒宗頤非常苦惱。新加坡雖然以華裔華人為主，可是，饒宗頤反而覺得其文化氛圍不如日本和法國。他回憶說：「在新加坡生活待遇雖好，但是我呆不下去，只因我是以中國文化作主體的人。那裏壓制中國文化，我覺得很壓抑。在題辭裏寫：『雖無牧之後池之蘊藉，庶幾表聖狂題之悲慨』，那真是身無長物，兩手空空的感覺，覺得失去了依托」，「我

4　饒宗頤：〈新加坡古事記引〉，頁 xi。

在日本那麼久，在法國時間也很長，但並沒有寄居海外淪落天涯的感覺，因為那裏有中國文化的血脈在。竹人寫詩唱和，研究敦煌文獻、甲骨拓片；在法國時，和戴老合作研究敦煌曲、研究敦煌白畫，我都覺得心裏裏很安穩。」[5]

饒宗頤是以中國文化為主體奉獻畢生的學者，他不在乎何時何地何人，只要有中國文化的血脈流傳，他心裏就很踏實安穩。他說:「我向來就有一個想法，中國人有兩個國家，一個是有土地的國家，一個是沒有土地的國家，後者就是中國人在海外的力量，由文字、歷史凝聚起來。這些人團結起來，可以說是一個超越的國家，這個力量是不能藐視的。」[6] 正由於新加坡當局打壓中國文化，使得饒宗頤在這個華裔華人為主體的國家反而覺得壓抑，正如他在詩中寫道「天入西南異我鄉」。[7] 新加坡在文化上卻不如日本和法國，是饒宗頤的文化他者，是異鄉，不能不說這是一個遺憾。曾憲通後來評述:「饒先生的性格是最不願

5 饒宗頤述，胡曉明、李瑞明整理:《饒宗頤學述》，頁 115。題辭指《冰炭集》的「小引」。

6 饒宗頤述，胡曉明、李瑞明整理:《饒宗頤學述》，頁 115。

7 饒宗頤:〈胡姬花下作〉,《南征集》，載《選堂詩詞集》，頁 116。

受到束縛的。這就是他為什麼要提前離開新加坡的原因」[8]，此說切中肯綮。

在新加坡的五年期間，饒宗頤在美國、台灣訪問大約一年半，和 Arthur Wright、楊蓮生、洪業（洪煨蓮）、傅漢思、張充和等學界名人深入交流，固然使先生大名有所增益，但此前先生已經在國際學術界鼎鼎有名，因此無法稱新加坡是饒宗頤走向世界的舞台。不過，公允地說，新加坡是饒宗頤在南洋奠定名聲的地方，饒宗頤在這幾年雖然心情不愉快，學問卻依然高歌猛進。

饒宗頤和香港的因緣的關鍵一環是香港的兩所大學。2006 年他在九十華誕晚宴的講話中幾次感謝香港的兩所大學：香港大學和香港中文大學。他說：「我要感謝中大，也感謝港大。港大把我帶到國際上，發生關係」，「我的後期能夠學、藝兩個都做，那是香港中文大學培養我這麼做的。」[9]「我今天要感謝兩間大學培養我的人，我是一個最不忘本的人」；「我這個成績是香港大學栽培出來的，得益於 Frederick

8 曾憲通：〈我所認識的饒宗頤大師〉，頁 80。

9 饒宗頤：〈天人互益 —— 在香港中文大學慶祝饒宗頤九十華誕晚宴上的講話〉，《饒宗頤集》，頁 64。

（Ferderick Sequier Drake，林仰山教授）當年對我的支持，這是港大對我的影響。我的後期能夠學、藝兩個都做，那是香港中文大學培養我這麼做的。」[10]

本來，饒宗頤可以感謝華人世界的三所著名大學的，新加坡大學失之交臂，令人唏噓。

10 饒宗頤：〈天人互益 —— 在香港中文大學慶祝饒宗頤九十華誕晚宴上的講話〉，頁 65。

香港城市大學中文及歷史學系
創系十週年叢書 07

告別
饒宗頤在新加坡（1968-1973）

楊斌 著

叢書總編 程美寶 陳學然

責任編輯 黃杰華
裝幀設計 簡雋盈 陳佩珍
排 版 陳美連
印 務 劉漢舉

出版
中華書局（香港）有限公司
香港北角英皇道 499 號北角工業大廈 1 樓 B
電話：（852）2137 2338
傳真：（852）2713 8202
電子郵件：info@chunghwabook.com.hk
網址：http://www.chunghwabook.com.hk

發行
香港聯合書刊物流有限公司
香港新界荃灣德士古道 200 - 248 號
荃灣工業中心 16 樓
電話：（852）2150 2100
傳真：（852）2407 3062
電子郵件：info@suplogistics.com.hk

印刷
美雅印刷製本有限公司
九龍觀塘榮業街 6 號海濱工業大廈 4 樓 A

版次
2024 年 12 月初版

規格
32 開（190mm × 130mm）

ISBN
978-988-8912-03-2